徐悲鸿画传

徐冀—著

四川人民出版社

愚公移山　油画

松鹤图四条屏　中国画

船夫　中国画

会狮东京　中国画

群奔　中国画

柏树双鹿　中国画

湖畔　油画

女人体　油画

紫气东来　中国画

山鬼　中国画

徐夫人像　油画

珍妮小姐　油画

陈散原像　油画

老妇　油画

目 录

c o n t e n t s

第一章 ＼ 江南少年初长成

瓢泼大雨接连下了好几日，屺亭桥镇淹没在一片汪洋之中。村民们不得不离开这片昔日风光无限的土地，徐达章带着他的儿子徐悲鸿也加入了这出外谋生的大军，开始了一段艰辛的流浪生活。

　　这一年，徐悲鸿仅十三岁。

　　两人从宜兴出发，沿着太湖一路东行，辗转到了大城市无锡。其时，辛亥革命虽然成功推翻了中国两千多年的封建帝制，但随之而来的军阀混战仍使得战乱频仍、民不聊生。原本民丰物阜的太湖一带由于天灾人祸以及帝国主义的疯狂掠夺，也成为贫富悬殊的混乱之地。

　　徐达章父子俩沿途为人作画、刻章、写春联，年幼的徐悲鸿也从中获得了与各色人等接触的机会。风餐露宿，颠沛流离，这一段异常艰辛的旅程非但没有让年幼的徐悲鸿意志消沉，反而为其未来的艺术之路埋下了一颗种子。现实的残酷、民间的疾苦、国运的衰微亦不断冲击着徐悲鸿幼小的心灵，使其逐渐成为对国家大事有主见、对社会民生有强烈使命感的疾恶如仇之少年。自此之后，"神州少年"成了徐悲鸿在自己画作上的署名，再盖上一方刻有"江南布衣"四字的印章，既表达了他淡泊富贵之决心，又显现了他悲天悯人的大义。

不久，流浪的生活在徐达章染上重病之后结束，父子两人一同回到了阔别已久的家乡……

1895年夏至后的一个傍晚，徐悲鸿就出生在这个风景秀丽的江南小镇。镇上河道交错、篷船穿行，因主河两岸为一座石拱桥"屺亭桥"相连而得名"屺亭桥镇"。

徐悲鸿家乡——江苏宜兴屺亭桥镇

屺亭桥畔

　　徐悲鸿原名徐寿康，寓意福寿安康。但因家境贫寒，自小便遭人奚落，年长之后，更是受尽冷遇。深感世态炎凉的他不禁悲从中来，深感自己如同一只凄凉的大雁，在这苦难深重的旧中国只可悲鸣，故自己改名为"悲鸿"。

　　徐悲鸿的祖父砚耕公曾参加过太平天国运动，失败后便在屺亭桥镇上务工。在祖父于滨河边搭建的小屋中，徐悲鸿度过了整个童年和少年时期。日子虽清贫苦涩，但多年之后，回忆起这段时光，徐悲鸿的眼里仍充满爱恋之情："我们的屋子虽然简陋，但有南山作屏风，塘河像根带子，太阳和月亮，霜和雪都点缀了这江南水乡的美丽。我们在这里和打鱼砍柴的人做伴，鸡鸣犬吠，互相唱答，大自然给了我们无尽的美妙。"而这样一种人与自然的融和之景也给予了幼年的徐悲鸿一个发现美、描绘美的原生环境。

徐悲鸿的父亲徐达章，号成之，是宜兴当地知名的画师，家里主要靠他在镇上课徒和鬻字卖画来维持生计。徐达章精篆刻、书法、诗文，在人物肖像、山水风景、花鸟写意画上也颇有造诣。现存徐达章所刻之印章，如"半耕半读半渔樵""读书声里是吾家""儿女心肠，英雄肝胆""闲来写幅丹青卖，不用人间造孽钱"等，无不注入其真情实感、理想抱负，且极富生活气息。他的书法作品苍劲浑厚，宜兴远近大小寺庙均可寻得它们的踪影。在绘画方面，徐达章作于而立之年的一幅《松荫课子图》以形似且传神而闻名，描绘了童年徐悲鸿坐于树下读书，达章公持鹅毛扇立于其后凝神谛听的一片宁静平和的父子情。此外，他的写意花卉亦颇受明代书画家徐渭①和清末"海上画派"画家任伯年②的影响，水墨淋漓、清新淡雅、别有风致。

　　至今，宜兴的私人收藏家仍保存着他的山水画，如描绘阳羡茶泉、周侯古寺、善卷洞、张公洞等宜兴风光的《荆溪十景图》，十幅作品既刻画了石碑林立的古建筑之精妙，更彰显了山色水光层翠环抱的自然景观之神韵。在徐达章的笔下，江南水乡奇山奇景跃然纸上，明靓无匹。

---

　　① 徐渭（1521—1593），明代著名文学家、书画家、戏曲家，与解缙、杨慎并称"明代三才子"，也是中国"泼墨大写意画派"创始人、"青藤画派"之鼻祖。徐渭的画作能在吸取前人精华的基础上开拓创新，并将之脱胎换骨，特别注重描绘事物的神韵，不重形似而重神似。山水、人物、花鸟、竹石无所不工，以花卉最为出色，开创了一代画风，对后世画坛影响极大。

　　② 任伯年（1840—1896），即任颐，清末著名画家，与吴昌硕、蒲华、虚谷齐名为"清末海派四杰"。任伯年的绘画发轫于民间艺术，技法全面，绘画题材广泛，人物、肖像、山水、花卉、禽鸟无不擅长。他重视写生，又融会诸家法，并吸取水彩色调之长，用笔用墨丰富多变，构图新巧，主题突出，疏中有密，虚实相间，浓淡相生，富有诗情画意，从而形成他独特的清新流畅之风格。

徐达章所绘之《松荫课子图》 中国画 1906年

据宜兴图书馆留存的一部县志记载，徐达章不仅才学超群，而且人品出众，深受当时宜兴县令所器重。但徐达章向来淡泊宁静，不求闻达，更不喜与官府来往，因此一生都过着清贫辛劳的生活。虽然"时运"不济，徐达章却将其本领倾囊传授给了他的儿子，为日后中国美术大师徐悲鸿开启了第一扇通往艺术天堂的大门。

在父亲的悉心教导下，徐悲鸿六岁开始读书习字，九岁便读完了《诗》《书》《易》《四书》。那时，大户人家的子女一到适学年龄均入校读书，可由于经济原因，徐悲鸿只能跟着父亲一面务农一面攻书习字。同龄小孩背着书包上学校的快乐情景偶尔也会让年幼的徐悲鸿心生羡慕，但耕种放牛、巡山采花，亦自有其无穷的乐趣。大自然赐予徐悲鸿的不仅仅是比学校那一方小天地更加广阔的乐园，并使之具有了比常人更加敏锐的观察和感悟能力。

九岁这年，徐悲鸿跟随父亲由宜兴至溧阳，旅途中有感而发写了一首行舟小诗："春水绿弥漫，春山秀色含。一帆风信好，舟过万重峦。"即景成诗，初露其艺术才华。也就是从这年开始，徐悲鸿正式从父习画。

在绘画的培养上，徐达章对徐悲鸿有着三个不成文的要求：首先，绘画须有渊博的知识。虽然徐悲鸿早在他六岁之时就提出想要跟从父亲学画，但父亲并未立即应允，反而监督徐悲鸿养成勤奋读书的习惯。日复一日，年复一年，等到徐悲鸿在诗学、书法等各方面均有了一定基础之后，徐达章才肯递予其绘画之笔。

其二，绘画须有敏锐的观察。徐达章时时叮嘱徐悲鸿观察身边之人与周遭之景，并告诉他画画靠的是双眼、内心和实践的反复配合。每日在农活结束之后，徐达章便带领徐悲鸿沿着河岸步行返家，借此引导徐悲鸿去描绘与欣赏大自然。不久之后，无论是朝阳初升、渔舟唱晚、奇石翠竹等小镇美景，还是父母、兄弟、友邻、商贩、乞丐等寻常人物，目之所及，皆成画作。除此之外，徐悲鸿尤爱晚清名家吴友如①的插画，因其能于尺幅之中尽显

---

① 吴友如（？—1894），清末画家，擅长人物肖像画，以卖画为生。他的绘画以描绘市井风俗、时事新闻为主，人物的面部画法受同时代画家沙馥影响，称为"沙相"；建筑物、舟车的描画则吸收了欧洲焦点透视的方法，是一位将传统民间艺术与新的石印技术相结合的画家。

亭台楼榭、千军万马、珍鸟奇兽、百花虫鱼，画面之中，宏大与微小融合精妙、相得益彰，令人概叹不已。在日复一日临摹的过程中，徐悲鸿逐渐掌握了调色、着色、细节勾勒等技能。

其三，绘画须有不懈的练习。贪于玩耍本是孩童天性，徐悲鸿也不例外。他热衷于看戏，也常常钻进镇上的茶馆里听说书。茶馆里人头攒动，小个头的徐悲鸿每次都拼了命往里挤，希望离老艺人们更近些，以便将故事的每一个细节都听得真切仔细。偶尔听到精彩之处，他还学着大人们的模样，摇头晃脑，叹息拍掌。四周皮肤黝黑的劳工们抽着劣等的手卷烟草，《水浒》《岳飞传》《三国演义》里的精彩故事便融在了刺眼呛鼻的辛辣气味和朦朦胧胧的烟熏雾缭中。每当故事听罢，徐悲鸿总会深感意犹未尽，那些英雄侠士的形象也不断浮现在他的脑海中，出现在他的梦境里。因此徐悲鸿时常会怀着崇敬之情将故事中的各路人物默画出来，或模仿看到的大戏绘制，或结合听到的故事想象，画完之后，将图样剪下贴在竹竿上，制成一面面小旗，举着它们在镇上恣意奔跑。成群的孩子跟在他身后，望着他手中随风飘动的人物小旗，满眼的羡慕和渴求。那一刻，徐悲鸿多么希望自己将来也能成为一位长衣飘飘见义勇为的豪杰侠客。回到家中，小小年纪的他更是独出心裁为自己精心刻了一方"江南布衣"的图章。

不仅如此，徐悲鸿与邻里小伙伴们经常趁徐父外出工作之时，将桌椅搭成戏台，用画画的颜料涂抹在脸上，模仿各路豪杰人物在家里演起戏来。孩子们的热情投入很快就打动了徐母和邻居，他们偶尔也会放下手中的活儿，饶有兴致地去观看孩子们演戏。有了这帮"戏迷"的支持，孩子们自然也演得更加认真了。直到有一天，中途徐达章突然回家，孩子们来不及清洗掉脸上的颜料，自顾自慌乱地逃跑，只留下徐悲鸿一人立在原地，紧张得说不出话来，以为定是躲不过一顿责骂。然而，徐达章却并未大发雷霆，只沉重地叹了口气，指着散落在地上的那堆被孩子们用来勾画玩乐的颜料，眼中尽是惋惜之情："悲鸿，我们贫苦人家，买这些颜料不容易啊！"父亲的话虽毫无责备之意，却犹如一记重锤敲在了徐悲鸿的心上，懂事的他好像突然明白了业精于勤荒于嬉的道理，并暗自发誓：今后的每一滴颜料都只会用在真正的绘画中。

自此以后，徐悲鸿严格按照父亲的三点要求，日日练习写生，即使农忙时节也未曾间断懈怠。很快，徐悲鸿不仅能为父亲的作品着色，还可为人书写门对（春联），镇上的人无一不夸赞他天资聪颖、才华横溢。

与父亲的严厉相反，母亲鲁氏给予徐悲鸿的爱则是温存的。除了听说书人讲故事，徐悲鸿也爱听母亲讲故事。豆棚瓜架之下，徐悲鸿常常依偎在母亲的怀里，听她讲不计其数的民间故事和神话传说，其中更有一部分精彩故事发生在宜兴，比如梁祝的旷世爱情，周处除三害的功绩，范蠡制陶的传奇……

母亲虽然只是一个勤劳纯朴的农村妇女，既不通诗书，也不晓绘画，但深深的道理常常在她浅浅的故事中流淌，而她温暖的怀抱则给予了徐悲鸿无与伦比的安全感。有时候，徐悲鸿听着听着便迷迷糊糊地睡去了，那温馨的感觉亦同时渗入他的心底和童年记忆中。

徐悲鸿在外漂泊的时候，最想念的便是这位温柔善良的母亲。可当他带着病重的父亲回到家乡小屋之时，却也同时使整个家庭陷入了困境——单靠母亲做农活的那点微薄收入根本担负不起养家的重担。从此，年仅十七岁的徐

十七岁的徐悲鸿

悲鸿开始了一面帮母亲料理各种家务、照顾卧床的父亲与弟妹们，一面坚持自学诗书、自修绘画的忙碌生活。那时的徐悲鸿虽然年纪轻轻，但绘画的名声已经传遍整个县城。

为了生计，徐悲鸿同时接受了宜兴县初级女子师范、始齐小学和彭城中学三所学校的邀约，担任绘画教师。三所学校相距五六十华里路程，但为了节省开支，徐悲鸿全靠步行来回奔走。每天天还未亮，他就出发赶路去上课；夜色朦胧，他才拖着疲惫的身体走在回家的路上。春去秋来，月落日升，霜寒露浓，这些乡间的景色日后都浸润着真挚的感情，经常出现在徐悲鸿的画卷里。

为了替父亲医病，这个原本就清贫的家庭更是雪上加霜、步履维艰。徐悲鸿变卖了一切能够卖得上价钱的东西，但父亲仍旧一日比一日衰弱，犹如一盏燃尽的油灯，纵有微微余光，已行将熄灭了。弥留之际，徐达章用最后一丝气力拉着悲鸿的手颤颤地道出了他对这个大儿子所有的期望："悲鸿，我们是两代画家了，后来居上，你应当赶上和超过我，超过我们的先辈……要记住，业精于勤……生活再苦，也不要对权贵折腰，这是你祖父说过的……"说罢便停止了呼吸。

徐悲鸿"咚"的一声重重跪地，面颊贴着床沿，号啕痛哭起来。站在一旁的母亲和弟妹们也哀声啼哭，一时之间，这间滨河小屋完全沉浸在了浓得化不开的凄苦之中。

一整夜，徐悲鸿都靠在床边不肯离开，望着父亲蜡黄的脸，握着父亲像枯柴一样的手，许多往事如潮水一般涌来：小时候跟从父亲攻书学画的岁月里，父亲虽然严厉，但更多的是引导懵懵懂懂的徐悲鸿去发现学习之乐与绘画之趣；十三岁跟随父亲漂泊异乡的日子里，徐悲鸿每日为父亲铺纸研墨、勾勒着色，看父亲落笔挥毫、画像描景，听父亲谈笑风生、说古论今，潜移默化之中感知着中国传统绘画艺术的魅力，并开始逐渐摸索创造自己的艺术风格。那四年的时光不仅提升了徐悲鸿的绘画技能，也让稍微知事的他看到了父亲如何为人处世——对人和善且谦让，对事公正有原则。同时，父亲那宽厚勤俭、蔑视权贵的高尚品格也深深影响着徐悲鸿日后的成长；在独立担负家庭重担的日子里，眼看病榻之上的父亲因心疼自己辛劳，曾数次拖着病躯下床，想要拿起笔继续作画，却总是心有余而力不足，而父亲那瘦弱的身体、索索发颤的双手更和昔日里落笔生辉的画家形象形成鲜明对比，徐悲鸿心里隐隐作痛。

如今，父亲却在这萧索的小屋中、冰冷的睡床上寂寞地死去，死在了人生的盛年，一种无法言喻的痛侵蚀了徐悲鸿的全身。于极度的痛苦之中，徐悲鸿亦深知自己已永远地失去了这位给予他生命和知识的父亲与良师益友。忽然之间，他想起了父亲生前在其自己很满意的一幅画作《松荫课子图》旁所题的那首诗"无才济世怀渐甚，书画徒将砚作田。落落襟怀难写处，光风霁月学糊涂"，字里行间不仅饱含了父亲的人生哲学，也成为父亲短暂一生较为真实的写照。

徐达章对于徐悲鸿的影响至深，无论是品性人格方面，还是才学绘画方面，父亲的言行举止一直激励着他，以至于当徐悲鸿功成名就之后，每每谈起自己的父亲，依旧会双眼含泪，用极为敬佩的口吻赞叹道："（父亲）生有异秉，穆然而敬，温然而和，观察精微，会心造物。"

痛苦虽难以释怀，但生活仍将继续。为了给父亲办一个尚算体面的葬礼，徐悲鸿不得不写信向邻县溧阳经营药材的小商陶麟书先生告贷。陶麟书不但很快将借款送达，还亲自帮忙安排了丧葬。仪式十分简单，小小的送葬行列中，除家人朋友之外，就是镇上敬仰徐达章为人与才华的邻居们了。当看着父亲的棺木被一镢镢沙土完全掩埋的时候，徐悲鸿知道自己也暂时需要将悲伤埋葬。

带着父亲的殷殷期望，怀揣着绘画的梦想，徐悲鸿决定离开家乡，独自到外面的世界闯荡一番。他将目标定在了上海，并写信给在上海中国公学担任教授的同乡徐子明先生，恳求他的帮助。徐子明将徐悲鸿随信件一同寄去的一幅绘画作品送给上海复旦公学（复旦大学前身）校长李登辉先生过目。李校长不仅大力赞赏，并许诺可以安排徐悲鸿在学校工作。

得知好消息的徐悲鸿立即辞去了三所学校的教职，整理行装准备出行。与家人依依惜别之后，徐悲鸿在宜兴初级女子师范的同事张祖芬先生的陪同

徐达章画像　油画　时间不详

下来到了乘坐渡船的码头，临行之时，张祖芬先生握住徐悲鸿的手，语重心长地说道："悲鸿，你年轻聪敏，又刻苦努力，前途未可限量。我只希望你记住两句话：人不可有傲气，但不能无傲骨。"听完张先生一席话，徐悲鸿仿佛在这位知己良朋的身上看到了父亲的影子。带着这两句需要终生铭记的临别赠言，徐悲鸿强忍泪水，踏上了征途。

小船渐行渐远，此时天空下起了绵绵细雨，仿佛整个屺亭桥镇在默默哭泣，为这个绘画奇才的离去感到惋惜。当船只完全消失在河面上时，人们记住了这个质朴的江南少年，身穿一件蓝布长袍，脚着一双戴孝白布鞋，他的背影也将永久地定格在家乡这片广袤的故土之上。

第二章 ＼ 四赴上海终成果

1915年初夏，十九岁的徐悲鸿只身来到了当时东亚的第一大都市——上海。实际上，这已是徐悲鸿第三次踏入这个不夜之城。早在十七岁时，徐悲鸿偶然在一份上海发行的《时事新报》上读到了一则征稿启事，他就给报社寄去了一幅自己的白描戏剧画——《时迁偷鸡》。当时负责评稿的清末秀才张元济认为，徐悲鸿的这幅作品惟妙惟肖地刻画了《水浒传》中的人物时迁，鲜活生动，相当趣致，于是就给这幅画评了二等奖。小小的奖项虽算不上什么殊荣，但对于一个初出茅庐的年轻绘画者来说，如同黑夜中的一束光明，不仅点燃了少年徐悲鸿的信心和希望，更唤起了他对外面精彩世界的憧憬。受到鼓舞的徐悲鸿决心走出家门，到上海这个充满生机与活力的大城市去看一看。

　　第一次由宜兴赴上海，那些高耸入云的大楼、五光十色的店铺、灯红酒绿的舞厅和赌场，在这个江南小镇少年的眼中，皆是新奇无比、美轮美奂。在马戏团，他还第一次亲眼见到了真正的狮子、老虎、豹子等野兽，让他兴奋无比，要知道此前它们仅仅存在于他的幻想里。

除了开阔眼界，徐悲鸿的主要目的是想寻一处地方学习西画，由于觅而不得，不久之后便失落而归了。后来，他在《悲鸿自述》中也曾提及这一段往事："始游上海，欲习西画，未得其途，数月而归。"然而，这一次短暂的上海之行，为徐悲鸿开启了一窥外面那博大世界的一扇门，同时也触动了他那颗驿动的心。

1913年，徐悲鸿被报上刊登的招生广告吸引，第二次赴上海，在刘海粟等人创办的上海图画美术院学习了两个月，因不甚认同其办学理念与风格而不辞而别，悄然回到了家乡。时隔两年，青年徐悲鸿再次启程，三赴上海，不过，带着李登辉校长许诺的他这次显得稍微有了些底气。

徐悲鸿十九岁时在上海的留影

在同乡徐子明的引荐下，徐悲鸿在复旦公学校长室里见到了李登辉校长。李校长打量着眼前这个农村装束的瘦弱青年，面露难色，并悄悄对身旁的徐子明耳语道："这人看上去还是个孩子，如何能工作？"徐子明反驳道："只要他有才华，何必计较他的年龄呢？况且，他还是辞去了三个学校的教职而来的呀。"可是任凭徐子明如何解释争取，李登辉终因感觉徐悲鸿过于年轻，缺乏经验而拒绝了对他的录用。不久，徐子明接受北京大学的聘请，离开了上海。失去援助的徐悲鸿只好流落在上海，无事可做。为了消磨时间，徐悲鸿白天常去商务印书馆门市部站读，在那里，他与营业员黄警顽相谈甚欢，后来更是成为至交好友；夜晚则在狭窄的旅店，借着昏暗的灯光怔怔出神，时而思索绘画之道，时而思念远在家乡的母亲和弟妹。

　　夏去秋来，阴雨连绵，徐悲鸿仍旧未找到事做。彷徨之时，他接到了远在北京的徐子明的来信。信中嘱咐徐悲鸿去见商务印书馆《小说月报》的编辑恽铁樵先生，请他帮忙谋份工作。于是，在黄警顽的陪同下，徐悲鸿挟上几幅自己的画作以及徐子明的来信，去了恽铁樵的办公室。道明来意之后，恽铁樵立即告知徐悲鸿商务印书馆出版的中小学教科书需要插图，正在找寻可以画插图的绘画师，待遇优厚。听到此消息的徐悲鸿异常兴奋，当即在办公室里找到纸笔，现场完成了两幅未上色的人物图。恽铁樵看过之后很满意，留下了徐悲鸿即兴创作的画作并说道："你画得比别人好，工作之事十之八九不成问题，你回去等消息吧。"

　　这一等就半个多月过去了，商务印书馆迟迟没有回音。徐悲鸿身上的钱所剩无几，别说支付旅馆的住宿费用，此刻连吃饭都成了问题，他只好把身上的布褂送到典当行，勉强换来几日的口粮。几日后，徐悲鸿再也熬不住了，冒着倾盆大雨再次去了商务印书馆询问情况。恽铁樵见到全身湿透的徐悲鸿连忙说道："近日实在太忙，还未来得及告诉你，工作的事已经办成了，日内你便可以搬到商务印书馆宿舍，吃住全在那里，祝贺你呀！"一股幸福的暖流即刻涌上了他的心中。欣喜若狂的他几乎是一路小跑着返回到旅馆，一坐下便立即给母亲以及几位好友写信，告知他们求职成功的喜讯。

　　果然，第二天徐悲鸿就收到了商务印书馆的来信，他迫不及待地打开来信……然而，这并不是那封意料之中的录用通知书，而是一封猝不及防的退职信。信封里还夹着徐悲鸿留下的画和商务印书馆负责人庄俞等人给恽铁樵写的一张纸条，他们认为徐悲鸿的画线条太粗，不适合做插图。这消息无异于晴天霹雳，徐悲鸿愣在原地，半天缓不过神来，全身都在战栗，手中的纸张也掉落在地。

傍晚，小旅馆的胖老板又来催交房租，这已经是这个星期的第四次上门了。精明的他从徐悲鸿恍惚的神情中猜到这个青年已没有找到工作的希望了，便直接告知徐悲鸿：床位已租给别人。此时的徐悲鸿已是身无长物，而他带来的铺盖也早已当掉了，现在只能用行李卷抵上月的房租。

徐悲鸿两手空空地被赶出了旅馆，独自在街上游荡。天色已晚，徐悲鸿看着四周的高楼和匆匆走过的人群，竟不知自己所向何方。这时，天空飘起了霏霏细雨，慢慢浸湿了他单薄的衣服，饥寒交迫，走投无路的他被一种难以遏制的痛苦和绝望侵蚀，他发疯似的狂奔到黄浦江边，想纵身跳入大江之中就这样结束自己的生命，一了百了……突然，他眼前闪现出许多人的身影，有谆谆教导他的父亲，有勤劳善良的母亲，有温顺可爱的弟妹，还有那些对他寄予厚望的朋友们。

徐悲鸿终究不是个软弱的人，他敞开衣襟，让无情的风雨吹打自己，此刻他最需要的就是清醒。江水猛力地拍打着岸边，发出沙沙的响声，徐悲鸿也大声告诫自己："一个人越是在山穷水尽之时而能自拔，才不算是懦夫啊。"说罢他用手稍稍梳理了一下被雨水淋湿的头发，尽量让自己的情绪平复下来。深吸一口气后，他本能地向故乡的方向走去……

徐悲鸿的第三次赴上海，最后以求职失败告终。

回到家乡后，徐悲鸿向镇上的一位民间医生法德先生讲述了自己在上海的种种遭遇。这位医生十分爱惜徐悲鸿的才华，遂邀集镇上一些朴实的小手工业者集腋成裘，筹得了几十块大洋送给徐悲鸿。父老乡亲们的无私帮扶，让心怀感激的徐悲鸿暗暗发誓定要闯出一番天地，否则决不罢休。在家乡度过了一个没有父亲的忧伤的除夕之夜后，徐悲鸿与一位做蚕茧生意的宜兴同乡唐先生结伴同行奔赴上海。

再次来到上海，徐悲鸿与唐先生租住在一家旅馆里。白日里，唐先生忙着外出接洽蚕茧生意，徐悲鸿则独自在旅馆里读书作画。在这过程中，徐悲鸿渐渐萌生了去法国学习真真正正西画的梦想。

一日，窗外的冬景给了徐悲鸿意外的灵感，他立即提笔完成了一幅描绘漫漫雪景的写生水彩画，并小心翼翼地将这幅雪景图装在画框里，挂在墙上，准备托唐先生待他返回家乡之时将此画送给曾经为他慷慨解囊过的史先生，以表感谢。

忽然，一阵敲门声响起。徐悲鸿打开门，一位衣着讲究的中年人出现在他眼前，并自称是唐先生生意上的伙伴，徐悲鸿立即请他进房中等待。中年人刚坐下不久便一眼相中了挂在墙上的雪景图，不禁啧啧称赞并执意要将其买下，却被徐悲鸿婉言拒绝了。

后来经唐先生介绍，徐悲鸿才知道这位中年人便是上海有名的富商和收藏家黄震之先生。黄先生不仅十分欣赏徐悲鸿的才情，更再三邀请徐悲鸿搬进他所开设的"暇余总会"。盛情难却之下，徐悲鸿最终接受了黄震之的帮助。

"暇余总会"其实是当地有名的赌场，虽与徐悲鸿格格不入，但总算能给他一个较为稳定、静心创作的环境。按照赌场白日休息夜晚开盘的规矩，徐悲鸿白天在住所读书作画，晚上则去夜校补习法文。未料好景不长，黄震之赌败，几乎破产，徐悲鸿不得不搬出"暇余总会"，暂时借住在商务印书馆职员黄警顽家里。

生活又一次陷入了困境，万般无奈的徐悲鸿将自己所画的一幅马寄给了上海审美书馆①馆长、岭南画派②的著名画家高剑父、高奇峰兄弟，打算碰碰运气。没想到，很快就有了回信，信中高剑父先生除了热烈赞扬徐悲鸿画的

---

① 上海审美书馆是上海最早的美术出版机构，由高剑父、高奇峰两兄弟创立。
② 岭南画派是中国近代画坛的一个重要流派，融合中西绘画之所长，尤其注重写生，在传承中国画笔墨特点的基础之上赋予其强烈的时代革新感。除高氏兄弟以外，关山月、黎雄才、赵少昂、杨善深等第二代"岭南派"画家在中国画坛也是影响极大。

马"虽古之韩干，无以过也"①，并决定将该画由审美书馆出版销售，同时又邀请徐悲鸿再画四幅仕女图。

不仅得到第一次公开发表画作的机会，而且又有了新的稿约，徐悲鸿理应高兴才对，可眼前的处境着实让他难以兴奋起来。他搜遍全身上下，只剩下五个铜板，而完成四幅仕女图却至少需要一星期时间。因此，徐悲鸿必须预先计算好，每一日只可用一个糙饭团充饥。尽管如此，到了第六日还是完全断了食。在极度饥饿中，徐悲鸿数次晕厥过去，可当他稍微清醒一点，便又立即提笔，坚持把画画完。

就这样，终于挨到了第八日。可当徐悲鸿冒着漫天风雪赶到审美书馆时，门卫却极为不耐烦地告诉他高先生这几日都不来上班。徐悲鸿叫苦连连，却又无计可施，无奈之下，只好先将画作交给看门人。离开审美书馆后，他又再一次将身上原本就已非常单薄的外衣送进了当铺。而此时已是1916年2月了。

回程途中，一则上海震旦大学法文系的招生广告吸引了徐悲鸿的目光。一直心心念念想去法国进修西画的徐悲鸿鼓起勇气报名应考，并在报名时替自己改名为"黄扶"，以表达对这一时期结识的两位黄姓友人（黄震之、黄警顽）所给予帮助的感激之情。

无心插柳柳成荫，衣食尚且不继的徐悲鸿竟意外被震旦大学的法文系录取。为了筹措学费，他不得不腼颜去向经营缫丝生意的同乡阮翟光先生告贷。阮先生不但爽快应允借钱之事，并赠予徐悲鸿一些衣物食品以示支持。

开学之日，震旦大学校长要对学生逐一进行面试，当他看到徐悲鸿穿着白布鞋时关切地问道："你戴谁的孝？"没想到"父孝"二字刚出口，徐悲鸿的眼泪便涌了出来，这位受尽生活磨难的二十岁青年，承受了多少常人无法

---

① 韩干（约706—783），唐代大画家。自学绘画十余年后，小有成就。唐玄宗年间，他被召入宫，开始跟从宫中画马名家学习绘画，但进步甚微。擅长总结的韩干很快找到了问题的关键，即只临摹不写生是无法画好一匹马的。于是，韩干经常到马厩里去，观察马的动作，研究马的习性，并详尽地记录下马的各种变化。从此，韩干笔下的马被大家形容为"能跑动的马"，比例准确、千变万化、活灵活现。高剑父在回信中称赞徐悲鸿画的马"比韩干画得还好"，但实际上话中更多包含的还是对后辈提携鼓励的成分。那时徐悲鸿年纪尚轻，画的马虽然实属不错，却完全还未形成他自己的风格。

想象的苦痛啊！从小到大，除了父亲过世的那一刻，生活再苦再难徐悲鸿都咬牙坚持着不曾流过一滴眼泪，可如今当他第一次走进学校读书，却再也无法控制自己，泪水顺着他的脸颊滚滚流下，而他心底被积压了许久的情感也一齐释放了出来。

入学后，徐悲鸿一边在校攻读法文，一边利用课余时间练习素描，有时对着镜子画自己，有时画同学们。一日，徐悲鸿突然收到了高奇峰的来信。信中高奇峰不但热情地称赞了他的画作，还随信附来四幅仕女画的稿酬约五十元。徐悲鸿立即带着这笔钱去阮翟光先生家中偿还了债务。

阮先生分外高兴，连声赞扬徐悲鸿诚实可信，随即又介绍了几位朋友的子女跟随徐悲鸿学画，使他每月略有收入。就这样，徐悲鸿在上海过起了半工半读的生活，虽然依旧清苦，却总算比之前安稳了许多。

1916年3月，上海哈同花园建附设的仓圣明智大学，面向各界征求仓颉①画像。为了赚取稿费来补贴生活用度，徐悲鸿根据古书记载的仓颉"四目灵光"创作了一幅巨幅水彩仓颉像前去应征。一米高的画纸中央，直立着一个长发披肩、满面须毛、身披树叶的巨人，宽阔的前额蕴藏着无穷的智慧，浓重的眉毛下长着四只炯炯有神的大眼睛，而唇边却浮现出一抹温润的笑意。这幅仓颉像在众多应征作品中脱颖而出，获得了校方的高度认可。

明智大学的总管姬觉弥先生对年轻有才的徐悲鸿非常赏识，以极为优厚的待遇邀请他再多创作几幅不同姿态的仓颉像。待到这一年暑假，徐悲鸿顺利通过了震旦大学的期末考试之后，便带着简单的行李，入住明智大学的客房。这是哈同花园内最高档的一排向阳房屋，光线充足、景色优美，室内有宽大的绘画几案，还有充裕的绘画颜料。这个贫穷过、流浪过、失意过的无助青年，有生以来第一次拥有了如此优越、雅静的起居条件和作画环境，徐悲鸿心中又燃起了对生活的美好希望。

---

① 仓颉，传为黄帝史官，汉字创造者。最早提及仓颉者，是战国时期的荀卿。而在此阶段，"仓颉造字"的传说才得以广泛流传。实际上仓颉是否确有其人，长得什么模样，并无确认的信息，只是部分古书上曾描写过仓颉，说他"双瞳四目"。仓圣明智大学办学之初，奉创造文字的仓颉为圣，按哈同花园总管姬觉弥的解释，仓颉造字，乃中国文化之源。因此，哈同花园发出征画启事，征集仓颉画像，要求应征者将仓颉的神韵画出来，拟悬于仓圣明智大学内。

東井幽遏翻吊害

硯有作墨案置散盤愛就臨之

大圜古由仔博人

己卯孔子誕日悲鴻星州客中

书法作品　1939年

闲暇之时，徐悲鸿经常流连于哈同花园内举办的各种书画展览之中。如同一棵小树苗需要不断汲取养分，通过观赏学习大量中国古代优秀的画作，徐悲鸿在这一时期的成长也是突飞猛进。此外，明智大学设有广仓学会，会定期邀请一些名流学者前来讲学，徐悲鸿因此结识了康有为、王国维、沈寐叟等当时颇负盛名的学者。

清光绪年间著名政治家、思想家、国学大师康有为先生不仅学识渊博，而且热心奖掖后进，初见徐悲鸿画作之时，便视徐悲鸿为艺苑奇才，还将自己收藏的古人碑帖、中外藏画悉数拿出来供徐悲鸿浏览观赏，并亲自为他一一讲解。徐悲鸿十分敬仰康有为提携鞭策后辈的宽广胸襟，遂拜康有为为师，在其悉心指导下遍临《石门铭》《爨龙颜》《经石峪》《张猛龙》等名碑。

徐悲鸿一生谨记康有为之真言，"泥古而不习古"——临摹古帖时须钻进去，掌握技法，形神兼似。当掌握原作之精髓后，应当跳脱出来，以新的面貌，自立门户——这也正是老师康有为想让徐悲鸿所悟之道。书艺精进的同时，徐悲鸿深感书画同源，书法中笔墨的运用对其绘画也有极大的启示。为表达对康有为的敬意，徐悲鸿先后创作了国画《康南海六十行乐图》和油画《康有为》等画作。

在明智大学的日子里，徐悲鸿并不满足于现状，除了仓颉像，他还创作了许多其他作品，有人物、花鸟、走兽，也画过一些舞台布景。这些作品中透露着徐悲鸿在中国传统技法的基础上，开始尝试结合西洋画的明暗和透视，来表现中国画的空间和体积。虽然技法还很不成熟，但他对中国画的革新之举已初见端倪。

后期，徐悲鸿推荐同乡老友曹铁生到明智大学担任管理学生宿舍的舍监一职。没过多久，爱仗义执言的曹铁生却因得罪了姬觉弥先生而遭到学校的开除。在资助老友远走汉皋之后，徐悲鸿自己也无意再留。原计划为明智大学所画的八幅仓颉像，最终也只完成了四幅，而这些画作后来也都随着明智大学的风流云散而不知去向。

此刻对于在上海已经小有名气的徐悲鸿来说，外面广阔的世界好似更有魔力，不停地向他召唤，使他更加坚定地想起曾在恩师康有为面前许下的一个承诺："中国画至今已颓败至极，如若再不警醒变法，中国画学必将灭绝。而我，徐悲鸿，为改革国画，愿独持偏见，一意孤行。"

第三章 ＼ 共偕碧薇渡两京

离开明智大学之时，徐悲鸿不仅因四幅仓颉像获得了一份丰厚的稿酬——一千六百现洋，并且经在上海务本女子学校任体育教师的宜兴同乡朱了洲先生的介绍，结识了另一位年长的同乡——在上海大同学院教授国文的蒋梅笙先生。

　　蒋家是宜兴的名门望族，当徐悲鸿第一次登门拜访蒋家之时，蒋氏夫妇就被这位才貌出众、衣着朴素、气质儒雅的年轻人吸引，十分喜欢。在了解了更多关于徐悲鸿的坎坷经历之后，夫妇二人便将徐悲鸿当作了自家人，时常邀请他到家中吃饭聊天。每多接触徐悲鸿一次，蒋先生对这个画艺高超的年轻人的喜爱又增多一分。当他得知徐悲鸿在家乡的原配妻子亡故之后至今尚未续弦[①]，便又对徐悲鸿生出一份同情和怜惜，并时常跟他夫人感慨道："若我蒋家再多有一个女儿，必许配给悲鸿啊！"

---

　　① 徐悲鸿十七岁时，由父母包办定了亲。由于当时父亲患了重病，徐悲鸿不便违抗父亲的意愿，被迫同意了这门婚事。妻子是邻村一位贫寒的农家姑娘。两人婚后生了一个孩子，由于妻子体弱多病，徐悲鸿便给孩子取名为"劫生"，寓意"劫后余生"。待徐悲鸿第二次到上海学画不久，妻子不幸病亡，后来，劫生也因出天花而夭折。

其时，蒋家已有两女，大女儿早已出嫁，而次女蒋棠珍在十三岁时便和苏州大户查家定了亲。然而，让蒋氏夫妇始料未及的是，此时他们颇为欣赏的徐悲鸿竟真的在日后和他们蒋家剪不断理还乱……

一个阳光明媚的下午，徐悲鸿又一次受邀到蒋家做客。蒋氏夫妇也一如既往地于厅堂入口等候，只是这次，他们的身边多了一位女子——刚从宜兴来到上海的蒋家次女蒋棠珍。初次见面，徐悲鸿便对眼前这位有着修长身材、浓密黑发、白皙皮肤的年轻女子生出了一丝好感。随着一来二去、日渐熟络之后，徐悲鸿对这位有着良好的教养与学识的大家闺秀萌发了更多的情愫。

而徐悲鸿的出现也拨动了十八岁的蒋棠珍的心弦，她时常暗自将还在苏州读中学的未婚夫查紫含与徐悲鸿作比较。每每看到徐悲鸿落笔成画，听到徐悲鸿出口成诗，心里更觉得那个家境衰微了的官家子弟与眼前这个相貌英俊、才华出众的青年真是有天壤之别。渐渐地她对徐悲鸿亦心生爱慕。

由于蒋家和查家早有婚约，徐悲鸿和蒋棠珍虽惺惺相惜，但谁也不敢越雷池半步，只能将情感埋藏在心底。直到有一天，蒋棠珍在父亲蒋梅笙处听闻查紫含企图在考试中作弊的消息，顿感失望，原本对此人仅存的一点好感瞬间消失。紧接着，蒋棠珍又从母亲那里知晓查家提出下一年来迎娶她的消息，一时之间难以接受，便失声痛哭起来。此刻，她的一举一动也牵动着另一个人的心，那就是徐悲鸿。事实上，没人能比他更了解蒋棠珍的感受了，但心有顾虑的徐悲鸿此时唯一能做的也只是拍拍蒋棠珍的肩膀，安慰她不要难过。

1917年，徐悲鸿决定东渡日本研究绘画，只是在上海，还有一个人让他放心不下，那就是蒋棠珍。而即将要履行婚约的蒋棠珍此时也是内心翻腾，在那仍被旧礼教统治着的社会和家庭中，解除婚约根本不可能。因此，蒋棠珍只能将想与徐悲鸿同去日本的愿望如同她对徐悲鸿的深情一样埋藏在内心深处。

对此，谙于人情世故的朱了洲早已洞察一切，自告奋勇地做起了穿针引线的工作。他借拜访蒋梅笙为由，找到蒋棠珍并悄悄问她道："若有人想偕你一起到外国去，你去不去？" 蒋棠珍眼前一亮，立即想到此人定是徐悲鸿，本已万念俱灰的她好似在茫茫黑夜中寻找到了光明，这一次，她勇敢地、毫不犹豫地答道："去！"

随后的几天里，蒋棠珍找寻着各种机会采购用品、收拾行李，一面为远渡重洋做物质上的准备，一面等待合适的出走时机。一日，趁父母二人外出看戏的机会，假称自己身体抱恙需在家休息的蒋棠珍毅然地走出了家门。离家之时，她留下了一封与父母的告别信，谎称自己对人生已深感乏味，似有去自杀的打算。之后，便匆匆赶到了徐悲鸿的住所。

面对这样一位热爱自己且如此大胆反抗包办婚姻的女子，徐悲鸿被一种强烈的炽热的情感包围着，眼前这位美丽的姑娘身上所散发着的摄人心魄的魅力，让徐悲鸿那颗已被深深打动的心也开始沉浸在对美好生活的憧憬之中。为了掩人耳目，更好地出行，徐悲鸿为蒋棠珍改名为"蒋碧薇"，并很快办好了两人的船票。出发之前，他还专程以两人之名，分别做了两个水晶戒指，作为定情信物。

这一年的5月14日，徐悲鸿偕戴着刻有"碧薇"两字水晶戒指的蒋棠珍从上海登上了赴东京的轮船，从此，"碧薇"也成了这位蒋家二小姐一生所用的名字。临行之时，康有为特意送来横幅题额《写生入神》，旁注小字："悲鸿仁弟于画天才也，写此送其行。"带着老师所寄予的厚望，看着身旁义无反顾跟他私奔的姑娘，徐悲鸿突然感到了自己肩上所担负的责任。

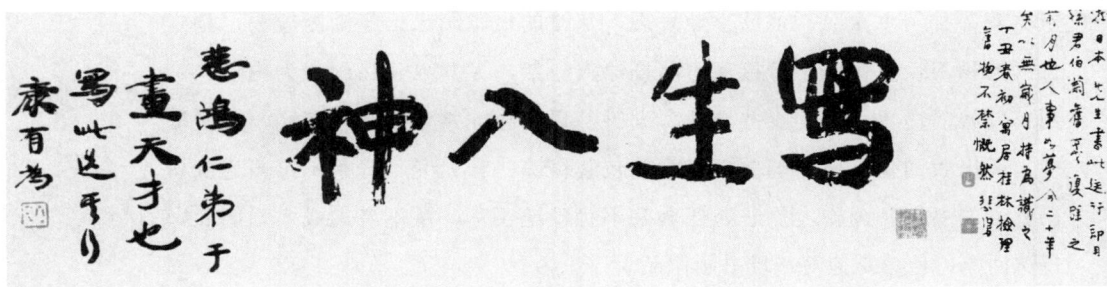

1917年，徐悲鸿东渡日本研习绘画时，康有为赠字送行

轮船在波涛汹涌的太平洋上前行，蒋碧薇的心里却忐忑不安，但在徐悲鸿不断的宽慰下，忧心忡忡的她还是沉沉地睡去了。在上海这边，蒋氏夫妇也发现了女儿的留书，一时之间惊骇忧惧。但毕竟对女儿的性格还是有所了解，蒋氏夫妇猜想女儿当然不会去寻短见，定是跟随徐悲鸿去了国外，这又才稍稍放下心来。考虑到蒋家与查家的婚期将至，徐、蒋二人私奔之事若被揭穿，定会引起轩然大波，蒋梅笙夫妇只得对外伪称蒋棠珍暴病身亡，并在宜兴家中设了灵堂。出殡时，两人特意买了一口棺材装上许多石头，抬到苏州一家寺庙里存放。为避免旁人起疑心，他们还在上海的《申报》上登了爱女病逝的"讣告"。这样，才算瞒过了查家。

　　追思着中日文化交流的渊源历史，想象着日本美术的精湛美妙，站在船头甲板上的徐悲鸿内心充满了力量。穿着宽袖绸裙的蒋碧薇紧紧依偎在徐悲鸿身旁，两人相视不语，继而微微一笑，一齐望向了即将要到达的远方。

　　东京和上海相比，各有特色，如果说上海像一个勾人魂魄的妖媚女子，那么东京则更像一个温婉可人的邻家少女。在这座陌生的城市，徐、蒋二人租住在一家日本居民的一间房子里，伙食也包给了房东太太。在这间小小的居室中，年仅二十二岁的徐悲鸿和十九岁的蒋碧薇终于有了一个共同栖居的家，开始了他们的同居生活。每日大家一起进餐之时，房东太太便会教给他们一些简单的生活常用语，日子过得清贫而简单。

　　岛国明媚的风光深深地吸引着蒋碧薇，她不仅在这广阔的新世界里找到了快乐，也沉浸在和徐悲鸿的甜蜜感情生活中。而对徐悲鸿来说，更让他为之心动的莫过于各种藏画的处所。他整日流连于书店或画廊，如饥似渴地饱览着各种美术藏品。他欣喜地发现，那时的日本画家已经渐渐脱去了拘守古人的积习，更倾向于直接观察和描绘大自然，尤其以花鸟画最为出色，达到了精妙的境界，但尚少些韵味。同时，日本也非常重视美术印刷，种类繁多，所出版的仿制原画的美术复制品包装精美，让人爱不释手。每当遇到自己喜爱的书籍和画作，徐悲鸿便会毫不犹豫地买下，从不考虑成本。因此，每次回家，他总是抱着一堆书画作品。

　　"碧薇，碧薇，快来看呀，这简直和原画一模一样！" 还没把鞋换好的徐悲鸿就已经迫不及待地呼唤着爱人的名字。蒋碧薇连忙跑过去，接过他手上的一叠美术复制品，本想埋怨几句，但当她看到徐悲鸿眼睛里闪烁着奇异的光彩时，只好将快到嘴边的话给咽了回去。此时，对艺术如痴如醉的徐悲鸿并没有注意到蒋碧薇紧锁的眉头，而他继续购买书画的热情也更加浓烈，一发而不可收。

因此，两人本来就不够宽裕的生活，在这些购书买画的额外开销中，越发显得捉襟见肘了。一日，当徐悲鸿捧着几本价格昂贵的精装复制画回家之时，蒋碧薇再也忍不住了，轻声却带着责备的语气说道："我们带来的钱快要不够了，你再买这些贵重的书画，我们会流落异国的。" 但此时已将全部心力都放在艺术上的徐悲鸿只是嘴上淡淡地回应了句"我会注意的"，心里却想着："若是买不到这么美妙的书画，将来定会有莫大的遗憾啊！"

没过多久，徐悲鸿又开始大量采购书画了。蒋碧薇最初是婉言规劝，继之以偶尔的口角，接着，两人的生活中，时常会出现激烈的争吵，而伴随产生的还有两人关系中的第一道裂痕：徐悲鸿觉得，身为爱人的碧薇一定会慢慢理解他，有朝一日变得和他一样热爱艺术；而在蒋碧薇的心中，此时已认定徐悲鸿爱艺术胜过爱她了。

伤心之余，倍感孤寂的蒋碧薇想起了远在上海的父母，多少个夜里她都梦见了他们，亲切却遥远。长久以来，强烈的愧疚之情一直缠绕着她，使得她迟迟不敢面对这两位老人。这一次，她终于鼓起勇气，决定给父母写一封书信。其实，她有千言万语想要表达，却在提笔之后，变作了几行简单的报平安的文字："父母在上，女儿不孝。我与悲鸿在东京，一切都很好，勿念。棠珍。"

蒋氏夫妇收到蒋碧薇的来信后，悬在心中的石头终于落了地。事实上，他们早已原谅了这个有主见有思想的女儿，或者说，他们从一开始就未责怪过她。而此刻，悔婚风波已基本平息，在得知女儿平安无恙的消息后，两人顿时喜笑颜开。

几个月后，由于大部分钱都花销在了购买书画上，徐悲鸿带去的生活费用所剩无几，二人已无法继续待在东京，只好选择回上海。

轮船缓缓地驶出东京的码头，这次和来时不同，蒋碧薇没有倚靠在徐悲鸿的肩上。两人凭倚船栏，却各自默默望向远方，半年多的东京生活如同一页页彩色印画在两人脑海里快速翻转。衣衫单薄的他们任凭海风呼啸却也无动于衷，初到东京时刚好是春末，而转眼此时已是深秋了。

　　蒋梅笙夫妇看到思念已久的女儿和他们喜爱的徐悲鸿双双归来，尽管拆穿了假棺材之谜，受到了一些亲戚朋友的非议，但他们并未顾忌，取而代之的是一种欣慰感：女婿仍旧是那个才华横溢、待人诚恳的画家，而他们的女儿也比从前成熟了许多，不再是他们眼中那个任性的、有点大小姐脾气的小女孩了。

　　一段时间后，私奔之事再无人提及，就好像从未发生过一样，一切都恢复了平静。这时，康有为也从北京回到了上海。徐悲鸿带着一本名为《广艺舟双楫》[①]的书法论著上门拜访，这是他在日本结识的日本著名书画家、收藏家中村不折[②]托他转交给康有为的译本，而这本书的原作者正是康有为先生。中村不折深受此书的影响，无论是书中所表达的艺术性还是思想性，他都十分赞同和欣赏，并且亲自将它翻译成了日文，而此书也在日本书画界得到了一致的好评。当中村不折得知康有为正是徐悲鸿的老师之时，更是欣喜万分，嘱托徐悲鸿一定要把这日文译本转交与康有为并转告对其的敬仰之情。

　　康有为接过译本，不动声色地翻阅了几页便将它放在了桌台上，转过身拍了拍徐悲鸿的肩膀，说道："悲鸿，我时常记起你赴日本之前所讲的那一番话语，也时常扪心自问，是否一直在为改革变法、抛弃陈规陋习做着应

---

　　① 《广艺舟双楫》，又名《书镜》，近代书法论著。为康有为所著，是晚清最重要的书法专著，曾影响了整整一代书风。从问世起，就受到国内外各方面人士的关注。从思想性上说，《广艺舟双楫》也的确表现了康有为抛弃陈习、另辟蹊径的进取精神。《广艺舟双楫》一书，体例严整，论述广泛，从文字之始、书体之肇开始，详述历朝变迁，品评各代名迹，其间又夹杂考证指法、腕法，引之实用，它对科学体系的建立有相当重要的意义。

　　② 中村不折（1868—1943），日本美术家兼文物收藏家。他年轻时学习油画，曾留学法国；回日本后又从真壁云卿学习南画。1895年，他偶然获得一册《淳化阁法帖》，自此对收集中国书画文物产生浓厚兴趣。1936年，他以自家私宅在东京创建书道博物馆，该博物馆收藏了大量书法文物，包括甲骨、青铜、石碑、镜铭、法帖、墨迹、文件经卷等历代古代书法作品，是研究日本、中国书法史料的重要场所。

有的努力。但是道路艰难，非常人所能企及。若要做对国家之有为书画家，唯有慢慢琢磨，另辟蹊径。"康有为这番肺腑之言直接敲击在了徐悲鸿的心上。徐悲鸿也向这位老师讲述了许多他在日本的见闻，以及这半年多时间里他自己在书画方面新的感悟，两人均感慨万分。当徐悲鸿说应当继续开阔眼界，并想去当时中国的政治、文化、学术中心——北京谋求职业之时，康有为更是表示大力支持，而且嘱咐徐悲鸿去北京时可找自己的好友罗瘿公先生。

1917年12月，带着康有为的介绍信和一些绘画作品，徐悲鸿与蒋碧薇搭上了从上海到天津塘沽的轮船。为了节省路费，徐悲鸿不得已买了两张廉价的三等舱船票。和去东京乘坐的大船完全不同，三等舱的舱房不仅狭窄逼人、阴冷潮湿，而且共同乘船之人又大都是衣衫褴褛的贫苦大众或落魄的知识分子，如此环境对于生在富裕家庭的蒋碧薇来说，不仅让她感到委屈难堪，也再次加深了她对徐悲鸿的误解，认为徐悲鸿宁可拿数以百计的钱去购买书画，却不愿拿出区区几十元替她买一张头等舱船票，自然因为徐悲鸿所爱只有艺术，而自己这位妻子在他心中却无半点地位……蒋碧薇越想越哀怨，最后带着莫名的悲伤情绪在逼仄的舱房里慢慢睡着了。然而，对于在贫困和流浪中成长起来的徐悲鸿，眼前这一切是如此的平常，他理解与同情劳动人民，并十分愿意和他们相处与交流。但他也深知蒋碧薇为陪伴他所做出的牺牲，只是此次去北京的经费实在有限，万事都得从简。徐悲鸿心中充满了愧疚，却不知该如何表达，望着睡熟的妻子，徐悲鸿轻声叹息道："可怜的碧薇，可从未受过如此之苦啊。"

下船之后，两人转乘火车去往北京。一到北京，徐悲鸿就立即拜访了康有为的好友罗瘿公先生。罗瘿公乃当时北京的名士，学识渊博且交游广泛，在政教两界均颇有名望。看过徐悲鸿的画作之后，罗瘿公盛赞他是不可多得的人才，遂向教育部部长傅增湘写了一封言辞恳切的推荐信，希望傅先生能考虑在之后的留学生派遣计划中给徐悲鸿一个名额，让他赴法国深造。

傅增湘在看了徐悲鸿送至教育部的素描、水彩、中国画等多幅作品后，也认为他的确是一位很有发展前途的青年画家。但因当时欧战尚未停止，傅增湘不得不告知徐悲鸿赴法国留学之事尚需耐心等待。不过，不同于以往那些冠冕堂皇的拒绝，这位教育部长的言辞让徐悲鸿感到更多的是诚恳，而非官场那种交际式的虚伪。因此，对于这个结果，徐悲鸿并未感到失望，取而代之的是一种知遇之恩、感激之情。

与上海的摩登、东京的清丽相比，北京这座城市更显出了辉煌灿烂的文化底蕴。那红色的宫墙深处，屹立着巍峨的宫殿、描金的楼台、绘彩的亭阁、高大的古柏、挺拔的白皮松，所有的一切都闪耀着劳动人民智慧的光芒，也散发着古老文化悠远的气息。

很快，徐悲鸿找到了他在北京的艺术天堂——故宫博物院。在那里，他不仅饱览了大量的古代绘画作品和各式古董器皿，更从其中汲取了极其丰富的思想营养，并对中国古代的艺术文化有了更加深刻的认识和反思。

当时，北京的知识文化界人士思想十分活跃。徐悲鸿深受《新青年》《每周评论》等进步刊物的影响，认为它们对封建思想展开的猛烈抨击和对民主思想文化的宣传与自己的理想信念不谋而合。在面对如何对待我国美术遗产的问题上，他态度也很坚决，正如他在《中国画改良论》中提到的："古法之佳者守之，垂绝者继之，不佳者改之，未足者增之，西方绘画可采入者融之。"同时，他还鲜明地指出："中国画学之颓败，至今日已极矣。"这些勇敢的言论在当时的学术界引起了不小的反响。

实际上，徐悲鸿的言论表明的是一种科学对待古代文化的态度，强调绘画者需要一边继承优良传统，一边吸收西方文化，这原本无可厚非。但因徐悲鸿又严厉地指出中国画学颓败之极的根本原因在于"守旧"，这就与当时还在沿袭古画传统的很多画家的观念背道而驰，所以招致不少批评之声。不过，对艺术的热爱接近疯狂的徐悲鸿却毫不在意这些反对言论，依旧每日徜徉于他所钟爱的故宫博物院内。

当然，徐悲鸿对美术的见解也得到了一部分进步青年的高度赞赏，其中，最大的拥护者是为北京各报刊撰写文章且文笔犀利的华林。为表支持，尚未成婚的华林不仅分租了一半居住地给徐悲鸿，而且还将徐悲鸿推荐给了当时北京大学校长蔡元培。爱重人才的蔡校长十分赏识徐悲鸿，认为他的作品既富有民族特色又彰显了创新思维，遂聘请徐悲鸿担任北京大学画法研究会导师。徐悲鸿也因此暂时在北京定居了下来，一边教授北大学生绘画技法，一边等待留学申请被批准。

北京大学画法研究会是我国现代史上第一个新型的研究绘画艺术的美术团体，在这里，徐悲鸿结识了同是研究会导师的陈师曾[①]、沈尹默[②]等有名画家。他们时常聚在一起谈画论诗，有时也会一同游览故宫博物院。

一日，徐悲鸿和陈师曾站在宋代画家范宽的名作《溪山行旅图》前，感叹于此画的鬼斧神工，竟半晌都挪不开脚步。第二天，徐悲鸿又特意带着画法研究会的学生们去欣赏这部杰作。站在这幅气势恢宏的画作前，徐悲鸿用恳切的目光注视着在场所有学生，包括一同前去的陈师曾，一时之间，那小小的天地像极了徐悲鸿的讲坛，让他可以尽情发表他对艺术的见解。他一方面热烈赞颂《溪山行旅图》，认为宋代画家极重神似，师法造化，因此所绘之景，无论层峦叠嶂（范宽），还是平原水色（董源），均富于真情实意，予人以亲切之感。而唐代以吴道子、曹霸、王维为首的一批画家的作品则显现出诗画合一，真气逸出的空灵感。另一方面，他激烈地批驳了董其昌和"四王山水"，认为其作品只是馆阁体的八股山水，投机取巧、毫无生气，而至今仍有人奉若拱璧、专门模仿，实乃末流文人之举动……

虽然徐悲鸿的评论和他的为人一样，独持偏见，爱憎分明，但学生们都被这一番毫无掩饰、慷慨激昂的言论感染、感动。他们聚精会神地听着徐悲鸿的雄辩之语，一动不动，就像徐悲鸿最初见到《溪山行旅图》一样，不禁为之神往。

与徐悲鸿共事已久的陈师曾非常了解徐悲鸿的性格，知道徐一旦讲到艺

① 陈师曾（1876—1923），又名衡恪，号朽道人、槐堂，诗人陈散元之子，著名美术家、艺术教育家。1902年东渡日本留学，1909年回国，任江西教育司长。陈师曾善诗文、书法，尤长于绘画、篆刻。其画注重师法造化，从自然景观中汲取创作灵感。著作有《陈师曾先生遗墨》（10集）、《陈师曾先生遗诗》（上下卷）、《中国绘画史》《中国美术小史》《中国文人画之研究》《染仓室印集》等。

② 沈尹默（1883—1971），原名君默。早年留学日本，后任北京大学教授和校长、辅仁大学教授。沈尹默以书法闻名，民国初年，书坛就有"南沈北于（于右任）"之称，到了20世纪40年代，书坛又有"南沈北吴（吴玉如）"之说。著名文学家徐平羽先生，谓沈尹默之书法艺术成就："超越元、明、清，直入宋四家而无愧。"

1918年，徐悲鸿（后排右五）担任北大画法研究会导师，与会员一起合影

术与绘画，尤其是"清除旧习，创立新风"的话题时，自然情绪激动，侃侃而谈，话语无穷。于是，他悄声地提醒了一句："悲鸿，时间不早了，别忘了今晚我们还要去看程砚秋的戏呢。"徐悲鸿这才想起罗瘿公前几日派人送的戏票，于是赶忙结束了充满激情的演讲。

其时，为了宣扬程砚秋的表演艺术，每逢程砚秋演出，罗瘿公就会包下戏院的前几排座位，买了票请朋友们看戏。也是从这个时候开始，徐悲鸿的生命里，除了绘画之外，有了第二个爱好——京剧。在看了几场演出之后，徐悲鸿对京剧产生了浓厚的兴趣，于是，每逢程砚秋演出，徐悲鸿定是必到之客，也是全场最热情的观众之一。他不仅喜爱程砚秋的戏，也同样欣赏梅兰芳先生的戏。每每看到梅兰芳在台上长袖善舞，他都会感慨万分，认为当时的京剧界人才辈出，与绘画界的陈陈相因形成了鲜明对比。那些京剧后起之秀不仅传承了前辈的优良传统，而且能认真磨砺、推陈出新，创造出一些新的流派，极大地丰富和发展了京剧艺术。这种吐故纳新对年轻的徐悲鸿很有启发，反观中国画日趋颓败的现状，更是激发起了他强烈的社会责任感。自此，复兴中国美术的梦想在他的心中生根发芽，也鞭策他逐渐成为中国画家中革新派的代表。

随着时间的推移，徐悲鸿自己也能唱些京剧片段了。他时常兴之所至，便会情不自禁地在家中哼唱起来，对此，蒋碧薇却很反感。她执意认为，这些所谓的京剧艺术家不过都是一些戏子罢了，而欣赏京剧也不过是参与捧戏子的不入流行径，因此她既不愿和徐悲鸿一起去看戏，甚至还激烈地非难罗瘿公捧程砚秋是文人无行。对于蒋碧薇的反应，徐悲鸿感到惊讶和不解。在他看来，罗瘿公所做的一切均是出于爱才惜才，想让中国京剧后继有人而已。

如果说徐、蒋二人此刻的分歧只是在于他们对艺术和艺术家有着不同的理解，与生活无关，那么，未来他们将面临的却是更大的挑战。

徐悲鸿对京剧的热爱并未因为蒋碧薇的责难而消减，他不但依旧保持看戏的频率，而且毫不犹豫地答应了罗瘿公的请求，为程砚秋绘制了两幅画，其中一幅就是著名的《梅兰芳天女散花图》，作为程砚秋拜梅兰芳为师的拜

西山古松柏　中国画　1918年

西山古松柏
戊午七月敬志
陈立夫人寿
世谊徐悲鸿并增奉

师礼物。在这幅中国画上，既有传统国画的线条和勾勒，也有西洋画的写生技法，更重要的是，徐悲鸿在画中倾注了自己对梅兰芳的敬仰之情，使得梅兰芳所扮演的天女有灵有性、栩栩如生。罗瘿公看后喜不自禁，大为满意，并立即于画作之上题诗一首："后人欲识梅郎面，无术灵方更驻颜。不有徐生传妙笔，焉知天女在人间。"

暑假来临，北京大学组织教师和学生去香山避暑，徐悲鸿也报名参加了。香山公园旁的碧云寺依山而建，亭台塔院，石台雕栏，古木参天，流水潺潺，大自然的美赋予了徐悲鸿新的启示与灵感。在优雅别致、宛如仙境的碧云寺避暑期间，勤奋的徐悲鸿创作了不少的山水画，其中，以《西山古松柏》与《晴岚翠嶂》两幅作品最能凸显出古柏的苍劲、山水的精妙，以及足以穿透炎炎夏日的奇妙清幽之感。

当时正值五四运动前夕，许多爱国知识分子都心系国家安危，陈独秀、李大钊、鲁迅等人的演讲和文章强烈地冲击着当时的知识分子，也深深影响了正在北京大学教书的徐悲鸿。蔡元培先生"兼容并包，思想自由"的办学方针使北京大学既成为当时中国的学术研究中心，又成为新文化运动的摇篮。因此，在香山避暑期间，除了绘画和感受大自然之外，徐悲鸿也常常和北大一些年轻教师成群坐在碧云寺台阶上讨论救国救民之道，谈论各自抱负，他们不仅接受了"民主与科学"的思想，并且一致认为这是救国的唯一良方。

1918年11月11日，第一次世界大战结束，教育部随后恢复了留学生赴欧洲学习的派遣计划。在蔡元培和傅增湘的帮助下，徐悲鸿如愿获得赴法国公费留学的宝贵名额。于是，他立即前往教育部，向傅增湘先生当面致谢。多年以后，当徐悲鸿回忆起这段往事，他曾慨然写道："我飘零十载，转走千里，求学之难，难至如此。我对黄震之、傅增湘两位先生，是终身感戴其德，而不敢忘记的。"

晴岚翠嶂　中国画　1918年

第四章＼八载漫漫旅欧路

1919年，徐悲鸿偕蒋碧薇由上海启程赴欧洲留学。和去东京时一样，他们仍旧选在了一个万物复苏的初春出发。人群拥挤，将徐悲鸿和蒋碧薇挤到船舷边上，却刚好使得二人可以再与送行的亲友们做最后一次的道别。轮船慢慢地驶出了黄浦江码头，徐悲鸿望了望紧挨在他身边、此刻嘴角含笑的蒋碧薇，心中顿时充满了希望：虽然此次的留学经费供两人生活定是十分艰辛和困难，但他知道蒋碧薇一直对欧洲很感兴趣，说不定通过这次旅程，一方面可将他们之前的摩擦与矛盾化解；另一方面，欧洲浓郁的艺术氛围若是可以感染蒋碧薇，使得她也能够像自己一样，懂得艺术并热爱艺术，那么，他们两人将不仅仅是生活上的伴侣，更会成为志同道合的朋友。

　　轮船经太平洋、印度洋，越过红海及苏伊士运河，在海上航行了五十天，于5月初到达了伦敦。一下船，徐悲鸿便领着蒋碧薇立即去参观了大英博物院。站在古希腊帕特农古神庙（The Parthenon）的浮雕面前，徐悲鸿惊讶不已，感叹万分。那些浮雕上刻着的奔腾的战马是那么生动有力，年轻少女们的动作又是那么轻盈优美，徐悲鸿简直如痴如醉了。

接下来的短短一个星期的伦敦之行，徐悲鸿基本上都是在各大美术馆、展览馆里度过的。有时，若不是蒋碧薇从旁提醒，徐悲鸿会一连两餐都忘记进食。在国家画廊里，徐悲鸿欣赏到了西班牙天才画师委拉斯贵支①（Velazquez）惟妙惟肖的肖像画，英国风景画大师约翰·康斯太布尔②（John Constable）彰显着大自然神奇力量的画作以及另一位英国伟大画家透纳③（Turner）的营有浪漫主义精神的水彩速写等。除此之外，徐悲鸿还在皇家画会展览会里见到了很多当代画家们的佳作。

一星期的时间转眼即逝，意犹未尽的徐悲鸿依依不舍地离开了英国，与蒋碧薇在5月中旬抵达巴黎，居住在索母拉尔路七号。

5月，是巴黎一年之中最好的季节，花香四溢，风物宜人。徐悲鸿兴高采烈地走在繁华的香榭丽舍大街上，街道宽阔，商铺林立，偶尔出现在街边的卖唱艺人或者靠卖画为生的艺术家更让徐悲鸿感受到了法兰西民族自由的气息。终得一见的雄伟壮丽的凯旋门，高耸入云的埃菲尔铁塔以及悠长清澈的塞纳河，都让徐悲鸿体会到了多年夙愿得偿的欢乐。

还未完全安顿好，徐悲鸿便迫不及待地带着蒋碧薇奔向了他梦寐以求的艺术圣殿——卢浮宫（Musée du Louvre）。卢浮宫位于巴黎市中心的塞纳河北岸，始建于1204年，历经八百多年扩建重修后终于达到今天的规模。它的整体建筑呈"U"形，是世

---

① 委拉斯贵支（Velazquez，1599—1660），巴洛克式画家，是西班牙绘画巨匠。委拉斯贵支一生创作了许多作品，具有代表性的有：《教皇伊诺森西奥十世》《纺纱女》《布列达的投降》《镜前的维纳斯》《煎鸡蛋的妇人》《宫娥》等。

② 约翰·康斯太布尔（John Constable，1776—1837），19世纪最伟大的风景画家之一，他在美术史上算是个相当特殊的画家，从不属于任何画派，也不遵照任何既定的法则去创作，自始至终都坚持风景画需直接从大自然撷取灵感。其代表作品有《干草车》《白马》《斯特拉福特磨坊》《水闸》《斯托尔小景》《滑铁卢大桥的揭幕典礼》《克利奥顿纪念碑》等。

③ 约瑟夫·马洛德·威廉·透纳（Joseph Mallord William Turner，1775—1851），英国最为著名、技艺最为精湛的艺术家之一，19世纪上半叶英国学院派画家的代表，在西方艺术史上无可置疑地位于最杰出的风景画家之列。代表作有《海上渔夫》《雨、蒸汽和速度》《暴风雪：汉尼拔和他的军队越过阿尔卑斯山》《诺哈姆城堡：日出》等。

界上最著名、最宏大的艺术宝库之一，也是举世瞩目的万宝之宫。1793年8月10日，卢浮宫艺术馆才正式对外开放，成为一个博物馆。

站在卢浮宫的入口处，徐悲鸿竟有种"近乡情更怯"的紧张感。他怔怔地望着前方茫然无措，细心的蒋碧薇便主动拉着徐悲鸿的手一同迈进了圣殿的大门。由于大量珍贵的作品适逢战争时期被运往了安全的地方保存，尚未运回来，此时卢浮宫内许多重要的陈列室还紧紧关闭着。但这丝毫未削减徐悲鸿的兴致，因为他在一间小型陈列室里，见到了文艺复兴时期绘画巨匠达·芬奇①（Leonardo da Vinci）的杰作《蒙娜丽莎》《圣母和圣安娜》及其他著名画家的十余幅作品。五百年来，人们一直对《蒙娜丽莎》神秘的微笑莫衷一是，不同的观者或在不同的时间去看，感受似乎都不尽相同。令众多文艺评论家探索不止的《蒙娜丽莎》那含蓄迷人的微笑也让徐悲鸿浮想联翩，除了冥思揣测神秘微笑背后的故事，徐悲鸿也为画作中那端庄优雅的人物形象和幽深茫茫的背景山水惊叹不已。

在另一间陈列室，徐悲鸿欣赏到了雅克-路易·大卫②（Jacques-Louis David）的许多作品，其中包括他的成名作《荷拉斯兄弟之誓》，以及气势恢宏的巨幅油画《拿破仑加冕仪式》。前者描绘了荷拉斯三兄弟上战场之前，向父亲宣誓与敌人决战到底，一去不复返的悲壮场面；后者则忠实记录了拿破仑一世及皇后加冕礼仪式的现场，构图宏大、写实生动、栩栩如生。不仅整体构思统一完整，在严谨性上亦达到了新古典主义绘画的最高境界。

徐悲鸿还观赏了大厅里的一些经典画作，均出自一批鼎

---

① 达·芬奇（Leonardo da Vinci，1452—1519），意大利文艺复兴时期画家、自然科学家、工程师。与米开朗基罗、拉斐尔并称"意大利文艺复兴三杰"。其代表作很多，尤以《蒙娜丽莎》和《最后的晚餐》享誉全世界。

② 雅克-路易·大卫（Jacques-Louis David，1748—1825），法国著名画家，新古典主义画派的奠基人，其画风严谨，技法精工。

鼎有名的大画家之手，像莫奈①（Monet）、达仰②（Dagnan）、弗拉芒克③（Vlaminck）、莱尔米特④（Lhermitte）、高尔蒙⑤（Cormon）等前辈，这些大师的名字早在徐悲鸿未到欧洲之前就已深深印在了他的心中。此刻，这些久违的杰作如同一道道光芒，照亮了徐悲鸿那颗多年来驿动的心，让他倍感喜悦、激动与温暖。同时，它们更为徐悲鸿点燃了一盏明灯，他突然意识到自己以前只是以画谋生，与"能画"相去甚远：因常年作写意的中国画，以致自己的观察和描写都不够细致精确。而且手法放溢，往往不中绳墨，好比脱缰的马，难以控制。于是，徐悲鸿决定暂时不作中国画，转而徜徉于巴黎的各大美术室展览馆，全力观摩和研究那些西方大师们的作品。

之后，徐悲鸿进入巴黎朱利安画院（Académie Julian）准备进行系统性的绘画学习。朱利安画院是一所私立美术学院，有绘画和雕塑两个学科，学校设备精良，教师大都是欧洲当时有名的艺术家。徐悲鸿便在绘画科室里，悉心学习起西方绘画的基础——素描来。即便之前已经临摹过不少西方画作，但徐悲鸿最初依旧感到有些困难，尤其在持笔的问题上。于是，徐悲鸿一边在画院接受严格的培训，一边继续到各大美术馆观赏临摹。这样坚持了两个月，徐悲鸿终于找到了些感觉，手也渐渐开始顺了。但他并没因此而有所倦怠，依旧日复一日地勤学苦练，直到第二年的春天，徐悲鸿画素描方才算真正入了门。

---

① 克劳德·莫奈（Claude Monet，1840—1926），法国最重要的画家之一，被誉为"印象派领导者"，是印象派代表人物和创始人之一。莫奈擅长光与影的实验与表现技法，而他最重要的风格是改变了阴影和轮廓线的画法。光和影的色彩描绘是莫奈绘画的最大特色。其代表作有《蓝睡莲》《印象·日出》《野罂粟》《鲁昂的圣母院》系列、《睡莲》系列等。

② 帕斯卡·达仰-布弗莱（Pascal Dagnan-Bouveret，1852—1929），法国19世纪末期学院派绘画的名家之一。1900年入选法兰西美术院，成为法兰西研究院院士中最年轻的艺术家之一。此外，他不遗余力地提携与指导过许多年轻的天才画家们，而他的工作室在巴黎美术界也享有盛誉。徐悲鸿在法国留学期间也有幸进入达仰的工作室学习，而达仰以及他的同事阿尔伯特·贝纳尔对后来的中国现代艺术变革产生了不可忽视的影响。

③ 莫利斯·德·弗拉芒克（Maurice de Vlaminck，1876—1958），法国著名画家，20世纪早期艺术运动"野兽派"领袖之一。其早期作品色彩鲜艳，强调纯色彩和装饰性二维艺术形式。后期受塞尚新见解等影响，形成独具特色的表现主义风格。其代表作品有《夏都的住宅》《红树》《布日瓦尔的山丘》等。

④ 莱昂·奥古斯丁·莱尔米特（Léon Augustin Lhermitte，1844—1925），19世纪现实主义流派的领军人物。他一生都以农村为题材作画，并有幸成为这一杰出艺术流派的最后一位画家。其代表作品有《圣佩尔山的收割》《收割者的报酬》等。

⑤ 费尔南德·高尔蒙（Fernand Cormon，1845—1924），法国巴黎著名画家，巴黎高等美术学院教授。

石膏像　素描　1919—1928年

1920年4月，徐悲鸿报考了设在巴黎的法国国立最高美术学校（École nationale supérieure des beaux-arts de Paris）绘画科。考试进行了整整一个月，徐悲鸿最终以百人中第十四的名次被录取了。学校设有许多画室，每一画室都以一位名画家的名字命名，徐悲鸿最终选择进入弗拉孟①（Flamand）画室，开始接受正规的西画教育。

从第一次上课起，徐悲鸿便十分珍惜与享受在画室里学习的时光，每日最早到校，最晚离开。课堂上聚精会神，课后也时常向教课老师们提问，探讨一些他对绘画的感悟。慢慢地，校长弗拉孟先生也关注起了这位不远万里而来的中国留学生，认为他既勤奋刻苦又极富灵性，从此，弗拉孟十分爱重这个外国学生，并热情耐心地亲自对他进行指导。

其时，各大博物馆渐渐恢复了盛况，许多著名的画作也都相继运回了巴黎展出，这对徐悲鸿来说，无疑是一个天大的好消息。一有空闲，他便跑到陈列古今艺术瑰宝的卢浮宫和卢森堡美术馆欣赏临摹大师画作，并仔细研究各个画家的特色、风格以及各个画派之间的异同之处。在浪漫主义画派的作品中，徐悲鸿尤爱19世纪中期法国著名画家德拉克洛瓦②（Delacroix）的巨幅油画《希阿岛的屠杀》，这幅画所展现出的浓厚的人道主义色彩引起了悲鸿心中深深的共鸣。

另一幅浪漫主义杰作——籍里柯③的《梅杜萨之筏》也是徐悲鸿的至爱，其画面描绘了海轮沉没后，船员们挤在一只筏子上等待救援的场景。当他们

---

① 弗朗索瓦·弗拉孟（François Flamand，1856—？），法国杰出的历史题材绘画大师，受宫廷追捧的肖像画家。1875年，十九岁的弗拉孟首次参加巴黎法国艺术家沙龙便一鸣惊人，成为"美好年代"期间赫赫有名的艺术家之一，四十九岁时入选法兰西美术院院士。其代表作《泰晤士河上》与《埃洛战场上的穆拉》尤其展现出弗拉孟带有较强历史感的自然主义绘画风格，曾受到法国作家莫泊桑的高度赞扬。而弗拉孟细腻的写实主义手法也使其作品与同时期其他画家创作的表现平民的作品形成鲜明对比。弗拉孟在1914—1918年间创作的作品以其对战争场面细致入微的描绘和人性化表达吸引了徐悲鸿的关注，因此，从朱利安画院到巴黎国立高等美术学院，弗拉孟是徐悲鸿所选的第一任导师。

② 欧仁·德拉克洛瓦（Eugène Delacroix，1798—1863），法国著名画家，19世纪浪漫主义画派代表人物。他继承和发展了文艺复兴以来欧洲各艺术流派，包括威尼斯画派、荷兰画派等艺术家的成就和传统并影响以后的艺术家，特别是印象主义画家。其代表作有《希阿岛的屠杀》《自由引导人民》等。

③ 特奥多·籍里柯（Theodore Gericault，1792—1824），法国著名画家，新浪漫主义画派的先驱者。虽然他的艺术生涯只有短暂的十年，但他却给人类留下了191幅油画、180余幅素描、100余幅石版画和6件雕塑，其中以《赛马》《轻骑兵军官》《梅杜萨之筏》《奴隶市场》和《伟大的英国》等广为人们称道。

望见远处好似有船影之时，出于每个人的本能所做出的迥异的表情和动作被籍里柯捕捉并刻画得入木三分。因此，即使此画带有浓重的浪漫主义色彩，但却能让徐悲鸿如身临其境，感同身受：海水冰凉透心，海风呼啸。他不禁为这些船员们暗暗祈祷，期盼他们能够很快获救。

在现实主义代表作中，徐悲鸿颇为欣赏库尔贝①（Courbet）所作的《画室》。画中的人物形象结实且自然，虽然只是表现最普通的日常生活，但整幅画都充满了写实的力量，而这种力量，正是徐悲鸿心生向往的。除了这几位大师之外，徐悲鸿还喜爱提香②（Titian）、里贝拉③（Ribera）和米勒④（Millet）等画家的作品。伫立在这些画作前，徐悲鸿深受震撼，常常流连忘返、浮想联翩，甚至有时会失声痛哭起来。在艺术氛围浓得化不开的巴黎，这个年轻的中国艺术家已经把自己的身心与美术全部融会在一起了。

穿梭于画室、学校、美术馆、博物馆、展览馆，徐悲鸿都可以心无旁骛地沉浸在艺术当中，可每当他回到家，清贫的生活却不得不残忍地将他拉回到现实：一个人的留学公费要负担起两个人的全部生活，确实困难重重。好在，当时欧洲的物价还不算十分昂贵，只要省吃俭用，生活还算过得去。因此，徐悲鸿和蒋碧薇通常都自己开伙，蒋碧薇负责买菜做饭，徐悲鸿帮忙洗碗刷盘，这样相互照顾扶持，日子虽清贫却也有着简单的乐趣。

两人的关系似乎朝着徐悲鸿所期望的方向发展着，但好景不长，不久之后，徐悲鸿那种对于书画的执着，又给他俩平静的生活掀起一层浪花。行走

---

① 古斯塔夫·库尔贝（Gustave Courbet，1819—1877），法国画家，写实主义美术的代表人物。其代表作品有《戴贝雷帽系红领带的库尔贝》《世界的起源》《库尔贝先生》《路遇》《画室》等。

② 提香·韦切利奥（Titian Vecellio，约1490—1576），文艺复兴后期意大利威尼斯画派的代表画家。在这个时代，他被称为"群星中的太阳"，是意大利最有才能的画家之一，兼工肖像、风景及神话、宗教主题绘画。他对色彩的运用不仅影响了文艺复兴时代的意大利画家，更对西方艺术产生了深远的影响。其代表作品有《乌比诺的维纳斯》《圣母升天》《神圣与世俗之爱》《爱神节》等。

③ 胡塞佩·德·里贝拉（Jusepe de Ribera，1591—1652），巴伦西亚画派代表人物。他擅长刻画各类人物和场景，并于1620年至1626年间创作了大量蚀刻版画，促进了那不勒斯艺术的发展。其代表作有《忏悔的玛格达雷纳》《圣瓦尔弗洛米的殉教》《畸形脚的乞丐》等。

④ 让-弗朗索瓦·米勒（Jean-Fransois Millet，1814—1875），19世纪法国杰出现实主义画家，以描绘农村主题见长。他创作的作品以描绘农民的劳动和生活为主，具有浓郁的农村生活气息。其代表作品有《播种者》《拾穗者》等。

徐悲鸿在法国留学时的照片

在巴黎的大街小巷，徐悲鸿总会发现一些卖书画的小商铺，每每在这些神秘精致的小店里，他都会不假思索地买下他喜爱的书籍、画册和图片。有时，为了一本价格不菲的书画作品，徐悲鸿不得不在好几天时间里只能以一杯白开水、两片面包充饥，但他仍旧甘之如饴。

目睹一切的蒋碧薇既心疼又无奈，每当她看着徐悲鸿反复地、不知疲倦地翻阅那些书籍、图片时，总会情不自禁地抱怨起来："唉，跟你在一起，永远只能过穷日子。"往往这时，徐悲鸿都会以沉默作为回应，这却更加使蒋碧薇恼怒起来："你的盾牌就是不说话，你以为这样就相安无事了？如果你真有钱，你买多少书画我都不管，但你现在只是个穷学生，难道就不该收敛起你那些癖好吗？"听闻此言，悲鸿十分愧疚地望着妻子："碧薇，"他倍加亲切地说，"我爱画已入骨髓，你是知道的，我也无数次向你告知，希望你能谅解，我总是想，你一定能理解的。"此时，蒋碧薇开始着急了，心中的怒气全化为委屈："理解？你让我怎么理解？当一个人的一日三餐都必须仔细计划，才能对付过去的时候，怎么还会想到去买那些不急需的书画，何况如此昂贵！""可是，这些书籍、画片才是我最急需的东西呐！"悲鸿刚把辩解的话说出口，就看见蒋碧薇扬起眉毛，眼泪几乎要夺眶而出的样子，只好赶紧抚慰说："碧薇，你不是想学音乐吗？如果将来，你真正爱上了音乐，也许会像我一样入迷，这就是艺术，如此充满魅力，到那时，你一定会明白……"蒋碧薇突然忍住了眼泪，她的脸色也开始变得柔和起来。那时，她正在巴黎一所初级中学学习语言，打算粗通法文之后，专攻音乐。而徐悲鸿这番劝慰的话语恰好击中了她的心思，她不确定自己幼年时喜爱音乐的种子会不会在巴黎这块艺术的土壤里生根发芽，那些曾经的梦想却在此刻突然变得清晰起来，温柔地照进她心里。自此以后，徐悲鸿时常开导蒋碧薇，希望能引导她将音乐作为一项自己热爱的事业去发展，并与自己在艺术上有更多的共鸣。

除了妻子的陪伴，徐悲鸿还结识了一批有理想、有才华的留学生，如专攻音乐又精于书画篆刻的杨仲子、专攻经济学的谢寿康、精通化学的沈宜甲、擅长中法互译的盛成和热衷哲学的曾觉之等人。他们虽身在欧洲，却都挂念着遥远东方的祖国。于是，他们常聚在一起，不仅聊叙思乡之情，也谈论个人抱负与国家前途。一颗颗赤子之心，渴望着祖国能走向富强、民主与科学。后来，这群有志青年大都在学成归国之后，成为各个领域的翘楚，并仍旧不忘初心地为振兴中国做着极大的努力。值得一提的是，在巴黎留学期间，徐悲鸿还认识了赴法勤工俭学的周恩来和何长工。见面之初，徐悲鸿就对风度翩翩、谈吐机智的周恩来印象极好，赞赏有加，因为那时，无产阶级革命家的锋芒已在这位年轻的同志身上显露无遗。

1920年初冬，法国著名雕刻家唐普特夫妇在巴黎举行了一场大型茶会，与会的均是当时法国的文化名人，徐悲鸿因弗拉孟校长的推荐也应邀参加。在茶会上，唐普特夫人特意为徐悲鸿介绍了法国当时的画坛泰斗达仰先生。徐悲鸿对达仰倾心已久，他清楚地记得，自己第一次到卢浮宫，得以近距离观赏大师的画作时，那种莫名紧张的感觉。而此时，这位绘画巨匠就站在他面前，平和安详，丝毫没有骄矜的神色，徐悲鸿更加惊慌无措，脑海中竟自闪现出达仰的无数名作，《林中》《降福的面包》《征兵者》《穷祸事》《摄影人家之婚礼》《种牛痘》……这些画作像是带着光芒一般，给予了徐悲鸿足够的力量。他鼓起勇气，向达仰先生表达了自己的敬仰之情以及对他作品的真切感受，更重要的是，在言谈之中，徐悲鸿也热切地表达了希望能够聆听达仰教诲的愿望。达仰注视着眼前这位对艺术充满热爱的朴实青年，不禁被其诚意打动，他短暂地思考了一下，便将自己画室的地址写在一张纸上，递给了徐悲鸿，并嘱咐他每逢星期天的早晨到画室去习画。

　　于是，自此以后的所有星期天都成了徐悲鸿最为期盼的日子。一到那天，他总是天没亮就早早地赶到画室门口，兴奋地等待达仰老师的到来。当时已届六十八岁高龄的达仰依旧保持着勤勉严谨的作风，即使已成大名，也坚持每个星期天都独自到画室里作画，从清晨到日落，风雨无阻。在收徐悲鸿为学生后，达仰就亲自引导徐悲鸿观看那些他挂在墙上的作品和一些素描、速写散稿，也时常兴致勃勃地给徐悲鸿讲述自己十七岁时跟随风景画大师柯罗①（Corot）学画的经历。最后，他将柯罗赠予他的箴言也一并传授给了徐悲鸿："柯罗教我要诚挚，要自信，不要舍弃真理。我始终信守柯罗的教诲，五十余年来，未敢忘却。"徐悲鸿十分感动地说："先生，我当铭记在心。我国也有句古语'精诚所至，金石为开'。您刚说的'诚挚'，一定是这个意思吧？"达仰先生高声地笑起来："对！对！你说得很好，就是要专心致志，全力以赴，同时，还要有达到目的的信心。"徐悲鸿不停地点着头，双眼闪烁着光彩。

---

① 让-巴蒂斯持-卡米耶·柯罗（Jean－Baptiste－Camille Corot，1796—1875），法国写实主义风景画和肖像画家。柯罗出生于巴黎，早年师从古典派画家贝尔坦。后来到罗马留学，在那里住了七八年。回国后在巴比松村附近的枫丹白露森林画了很多风景。其代表作有《蓝衣女》《纳尔尼河上的桥》《罗马的农村》等。

徐悲鸿非常尊敬达仰，达仰亦
悉心教导徐悲鸿。每个周日，徐悲
鸿都带上自己的习作前往，达仰总
是十分仔细地一张张审看并点评。
他充分肯定学生的点滴进步，也不
断叮嘱徐悲鸿应当精心于素描、专
心于默画，打好扎实的绘画功底，
且将"艺术应维护真理，勿趋慕浮
华之时风，勿甘于微小之成就"的
道理铭记于心。徐悲鸿深深地感知
着先生的教诲，越是不断绘画，不
断学习，徐悲鸿越感到自己的能力
浅薄，也越发地理解了"学然后知
不足"的真谛。自此以后，徐悲鸿
更加勤勉地作画。

按照达仰的要求，徐悲鸿每精
心地画完一幅素描后，就努力记住
其特征，再默画一幅，然后对着原
作改正差误。这样反复练习，徐悲
鸿不但明显地感受到了达仰所说的
"画一幅等于画三幅"之功效，而
且，他的素描绘画进步之明显也使
得他在学校中，很快以优异的成绩
从素描班升入了油画班。

升学既让徐悲鸿欣喜万分，同
时也使之异常苦恼。不同于素描，
油画需要耗费大量的工具和颜料。
无奈之下，徐悲鸿只好又开始了每

徐悲鸿在法国留学时为导师达仰·布弗莱所
绘的素描像

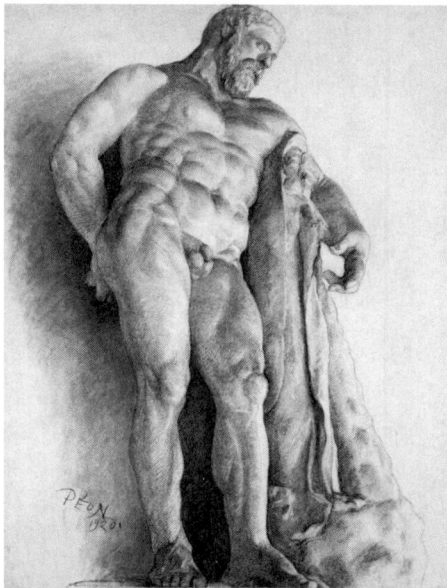

赫克利斯　素描　1919—1929年

持扇人像　油画　1920 年

此作品是徐悲鸿赴欧洲留学的第一幅油画肖像作品，画中人
物为蒋碧薇。在此画中，徐悲鸿对人物面部及身体的结构把握细
致准确，神态和姿势的描画亦相当自然。

餐只以一杯白开水加两片面包充饥的生活。连续数日之后，徐悲鸿方才积攒
到一点钱用以购买基础画具。艺术没有辜负徐悲鸿，他第一次画油画人体，
便得到弗拉孟的称赞，再后来，每次考试也都名列前茅。

　　那时，学校下午都没有课，徐悲鸿依旧将每日的时间安排得满满当当
的。他常去一所私立的美术研究所画模特儿，在那里，只需要花上一个法
郎，就可以度过整整一下午的时光。回家时，徐悲鸿常常特意绕道去塞纳河
畔，在那排琳琅满目的书摊上尽情地浏览各种书籍画片。

除了画模特儿，徐悲鸿也喜欢到巴黎的小型马场进行速写。事实上，徐悲鸿少年时期在家乡屺亭桥镇便已钟情于画动物，尤其是奔腾勇猛的动物，这应和他具有英雄情怀的天性相关。虽然作为南方人，并没有和马亲近的机会，但因徐悲鸿那时尤爱收集附有动物画片的"强盗牌"香烟盒，渐渐地，通过那些逼真的画片，他认识了各种猛兽的真形，同时，偶然得到的一些日本的动物标本亦提供给他最早临摹动物的机会。后来，辗转于上海、东京、北京，徐悲鸿得以看到一些动物的真身，并一直保持着画马的习惯。然而，徐悲鸿这个阶段画的马，多为国画写意，而且大多后期已不见踪影（如徐悲鸿在1916年向高剑父投稿并得到第一次出版机会的马），唯一留存至今的只有作于1919年的《三马图》[①]。

三马图　中国画　1919年

---

① 此画作于1919年新春，是徐悲鸿纪念馆目前所藏早期徐氏画马的唯一作品。

这幅作品既承继了中国古代的勾勒填色之方，又借鉴了西方的透视构图之法，所画之马一方面彰显出具有韩干之风的壮硕圆润，另一方面却克服了韩干之弊的骨肉不匀。但徐悲鸿对自己画的这样的马却很不满意，认为其虽能满足于马的"骨肉调匀，却无马的英俊之气"。相反，国画虽重写意，往往更能表现出气韵，但又缺少精细写实的刻画。若能两者兼容得当，达到自己在《中国画改良之方法》中提出的"西方画之可采入者融之"，方才算得上为一匹好马。于是，这幅作品便成为徐悲鸿画马生涯的一个转折点，在继续勤奋刻苦学习西画的同时，徐悲鸿对马的画法也开始有了转变。当然，这个转变绝不是那么容易，此刻仅仅是开始。

　　在马场，第一次近距离地接触马，徐悲鸿异常兴奋。他时常花大半天的时间精研马的解剖构造，有时，为了观察马的动态，甚至跟在马匹后面奋力追逐奔跑大半个钟头，只为捕捉到其最精准的姿态。这样的求真和细致程度，让徐悲鸿的马渐渐呈现出有别于之前的模样，也为徐悲鸿后来创作立马、饮马、奔马、群马等姿态各异的马打下了良好基础。

　　1921年的初春，巴黎举办了一场规模盛大的法国国家美术展览，陈列展出了法国当代许多名家的作品。开幕当日，徐悲鸿从早至晚流连于会场，全程仔细观摩、认真比较，竟完全忘记了进食饮水，忘却了周围的世界。直到闭馆时走出会场，徐悲鸿才发现外面已经大雪纷飞。衣着单薄的他在寒风凛冽之中行走了几步，方才感觉到饥寒交迫，于是，他开始急步往家的方向行走。忽然他腹痛如绞，慌忙停步靠在路边的墙上，才避免了摔在雪地上。原来，长时间饥饿和寒冷的袭击，使他的肠子激烈地痉挛起来，产生了强烈的痛感。而徐悲鸿也从此落下了肠痉挛的病根，并时常发作，终身不愈。病发时，面无血色的他只能强忍剧痛，并常以努力作画来转移注意力。一次，痛不可支的徐悲鸿在当时正创作的一幅素描上曾写道："人览吾画，焉知吾之为此，乃痛不可支也。"

黑马　素描　早期

夏天来临，徐悲鸿的腹痛病情也越发严重了，而此时，比起病痛，更让徐悲鸿苦恼的是他的留学学费因国内政局动荡而突然中断。贫病交迫之下，徐悲鸿不得不带着蒋碧薇转赴消费水平相对较低的柏林[①]，问学于柏林美术学院院长康波夫[②]（Kampf）。

康波夫的油画精练、凝重、宏丽，素描则简约、精确、隽秀，两者均极具功力。徐悲鸿非常喜爱康波夫的这些作品，并尊称他为"世界最善描者之一"。康波夫也成为徐悲鸿在欧洲的第三位导师。

留学生活虽然艰辛，但偶尔也会有一些小乐趣。一日，徐悲鸿和蒋碧薇收到一封来自巴黎的书信，信中亦庄亦谐，妙趣横生地写道："敬启者，'天狗会'于昨日开成立大会，当场投票选举，赵君××得多数票，被选为会长，当场欢呼：'天狗会万岁！''赵狗会长万岁！'赵狗会长致谢词外，略有演说，已载旅欧周刊与巴黎各报，余兴为江小鹣先生客串《杀圣劝妻》警世名剧……本会简章第一条，忌用狗字，除天狗会用狗字外，凡遇狗字苟音均以圣字代之，如'狗屁'，即曰圣屁，'如苟有用我者'，亦以圣字代之，如江先生前串《杀狗劝妻》，即以圣字易之，以示尊重。先生以后用字务宜注意，必须一体遵守，则天狗会幸甚，狗会长幸甚，同仁幸甚，顺请狗安！天狗会谨启八月十日。"

原来，这是徐悲鸿在巴黎的几个好友，同是法国国立高等美术学院以及其他几个美术院校留学的一批中国留学生，因常常聚在一起探讨大洋彼岸的国事，感慨国内政治腐败，说笑戏谑间，便成立了这个别开生面的"天狗会"绘画社团组织，并立下规矩：成员之间彼此以兄弟相称。除了在巴黎的留学生之外，那时在欧洲其他国家留学的老友也被他们自动吸收到了组织中，于是，他们给远在德国的徐悲鸿夫妇也寄来了这封"委任信"。

更有趣的是，"天狗会"的每位成员都有一个"惊世骇俗"的封号，谢

[①] 第一次世界大战后的德国通货膨胀，马克贬值，因此，同样数目的法郎，在德国可增值数倍。

[②] 阿尔图尔·康波夫（Arthur Kampf，1864—1950），德国近现代最重要的画家之一，欧洲近现代最著名的素描大师之一。康波夫二十二岁时凭借油画作品《最后的供词》在德国画坛上崭露头角，该作品为他赢得了一片赞誉之声。后来，康波夫迁居柏林，从事历史画和风俗画创作，代表作品有《为志愿者祈祷》《杂耍班子里唱歌的孩子》《包厢》《铸工》《同仇》等。

寿康为老大，徐悲鸿为老二，张道藩为老三，邵洵美为老四，孙佩苍是"军师"，郭有守是"行走"，朱一洲为"驻德公使"，蒋碧薇则被戏称为"压寨夫人"，此外，常玉、刘纪文等人也是"天狗会"的特别会员。虽然，"天狗会"社团的成立是带着几分玩笑的偶然，但此团体却有着崇高的宗旨——誓要当好维护和发展中国新美术的"看家狗"，而不当别人的走狗。

一日，在中国驻德国公使馆的酒会上，徐悲鸿夫妇意外结识了"天狗会"中的"老三"张道藩。英俊潇洒的中国留学生张道藩，此前一直在伦敦学习美术，所以徐悲鸿并未与他见过。但是，徐悲鸿的名字对于张道藩来说却是如雷贯耳。由于十分钦慕徐悲鸿的艺术才华，张道藩便决定趁这次赴柏林旅游的机会特意拜访这位传说中的"二哥"，没想到两人竟提前在酒会上见了面，由此张道藩也认识了蒋碧薇。

比起徐悲鸿和其他"天狗会"的成员，这位来自贵州的青年家境殷实，举手投足之间都彰显着公子气息，而蒋碧薇的风姿与气质，也给张道藩留下了极好的印象。始料未及的是，这次初识竟为日后蒋碧薇与张道藩那一段悲悲戚戚、起承转合的情感之路，埋下了最初的伏笔。

相比巴黎，在柏林的日子实则更为艰难，但徐悲鸿仍然坚持每日作画十小时以上，寒暑不辍。其时，他十分喜爱荷兰大画家伦勃朗①（Rembrandt）的肖像画，便一连数日去博物馆临摹《第二夫人像》等伦勃朗的作品。常常从清晨到黄昏，不吃不喝，一口气临摹十小时。但凡晴天，又找不到模特儿的时候，徐悲鸿就去动物园画狮子。在那里，他也时常一待就是一整日，不到闭园绝不离开。就像在巴黎的马场画马时一样，为了画好狮子的速写，徐悲鸿也花费了大量精力去研究狮子的身体结构以及站、卧、走、跃等各种动作体态。甚至，为了画好狮子行走时提起的一只后腿，他曾一连三个月到动

---

① 伦勃朗·哈尔曼松·凡·莱因（Rembrandt Harmenszoon van Rijn，1606—1669），欧洲17世纪最伟大的画家之一，也是荷兰历史上最伟大的画家。其画作题材广泛，擅长肖像画、风景画、风俗画、宗教画、历史画。伦勃朗在他的作品中，擅于灵活处理复杂画面中的明暗光线，这种魔术般的明暗处理构成了他的画风中强烈的戏剧性色彩，也形成了伦勃朗绘画的重要特色。他这种对明暗的独到运用，被后世称为"伦勃朗光线"，也成为后来油画中一种普遍而善用的光线。其代表作有《木匠家庭》《夜巡》《三棵树》《浪子回头》《尼古拉·特尔普教授的解剖课》等。

物园观察狮子的生活规律，也因此成为动物园里的"名人"，一些工作人员和游客看到徐悲鸿凝神专注狮子一动不动的模样，都以为这个亚洲面孔的青年定是"入了魔"。

功夫不负有心人，如同画马的熟练程度一样，徐悲鸿也能凭记忆默画出狮子的各种动态，并创作了不少以狮子为题材的素描画作，如铅笔画《睡狮》《小狮》，木炭笔画《狮吼》等。他还曾在《小狮》上题字道："吾之精爽磨成，无负张祖芬、黄震之两先生者。"

其时，德国的美术印刷品精美无比、世界闻名、种类繁多，比起徐悲鸿在东京和巴黎所买到的，更胜一筹，这对徐悲鸿来说，显然是极大的诱惑。每当看到这些书画作品，徐悲鸿都情难自己，明知一定会遭到蒋碧薇的反对，但爱画如命的徐悲鸿已无暇顾及其他，他又开始节衣缩食并靠借债购买了许多精良的书籍和复制品画

狮吼　素描　1922年

片。一段时间后，租住的狭窄房间被这些印刷品塞得满满当当的，徐悲鸿不得不坐卧其上，却感受到了一种平生从未有过的巨大欢乐，而此时此景也被他自己笑称为"平生最得意之秋也"。

蒋碧薇坐在一旁，愁眉深锁："唉！"她沉重地叹了口气，"我看你简直是发疯了！你也不想想，借了这么多钱，又去买这些书画，以后拿什么还？"蒋碧薇声音里充满了哀怨。"碧薇，"悲鸿眼睛里闪着兴奋的光芒，"你不知道，这些印刷品实在太精美，几乎与原作不相上下，而且价格这样便宜，不抓住这千载难逢的机会，我会遗憾终生的！况且，你也不必如此悲观，俗话说：天无绝人之路。只要我们努力，所有困难都能被克服的，相信我。"说罢徐悲鸿用双手轻轻拍了拍蒋碧薇的肩膀。"你自有你的那一套人生哲学，我说服不了你。但是，你也该为我们的生活想想，为我想想，我该怎么办，"蒋碧薇一边说着，一边望了望角落里放着的一把小提琴，"难道你想我凭着这把破琴改变生活吗？你知道它的音质有多差吗？" 徐悲鸿猝然沉默了，他感到深深的内疚。在巴黎时，蒋碧薇就开始学乐理了，当他们谈到音乐时，徐悲鸿第一次从妻子的眼神中看到了"渴望"二字，但因生活的拮据，徐悲鸿的钱只够给她买了眼前这把二手的小提琴。徐悲鸿怜惜地望着蒋碧薇，同时在心里暗暗发誓："等到有钱了，无论如何，一定要设法给她买一把好琴，一定！"

之后，谢寿康、常玉、孙佩苍等人也纷纷来到柏林，于是"天狗会"在柏林从此也有了小分队。成员们时常聚在一起，合伙组织小型伙食团，大家一起做饭，一起收拾碗筷，谈谈笑笑，听歌唱曲，日子也算有了些美意。

渐渐地，飘落的树叶覆满了街道，柏林迎来了深秋。徐悲鸿带着蒋碧薇，与谢寿康、孙佩苍等四人，离开柏林，去到了德国东部的两座名城——莱比锡（Leipzig）和德累斯顿（Dresden）。这是徐悲鸿和蒋碧薇来到欧洲后的第一次旅游，也使得两人可以暂时从艰难的现实生活中脱离出来，舒上一口气，而两人的关系也在短暂的旅途中得到了些许的修复。

众人返回柏林时，初冬已至。一日，徐悲鸿在一家画店看到了康波夫等欧洲当代著名大师的很多作品，他又情不自禁地想把它们全部购下收藏。虽然折合外币，价格非常便宜，可他的学费已断了十个月，而且负债上千元，不但连基本生活都难以负担，纵使想再借贷，也是无处可借了。徐悲鸿失落地回到家中，来回踱步，如坐针毡。踌躇再三，徐悲鸿突然心生一计——向中国驻德国的大使请求帮助，随即又因害怕遭到拒绝而放弃了这个想法。但一想到若是错失良机将会终生遗憾，徐悲鸿便辗转反侧，夜不能寐。

翌日清晨，通宵未眠的徐悲鸿还是出现在了中国大使馆门口。待到上班时间，徐悲鸿在一个富丽堂皇的客厅里受到了大使先生的接待。徐悲鸿开门见山，毫不掩饰地说明了来意，并开始滔滔不绝地描述着康波夫等大画家如何知名、他们的作品如何佳妙、当下购买如何划算等，最后请大使先生借与钱款以便将它们买下。为了取得大使先生的信任，徐悲鸿还提出，自己可以先将那些作品寄存在中国大使馆，等到借款归还以后，再来领取。大使先生一面频频点头，一面慢条斯理地说：“徐先生，我很欣赏你的艺术家精神，但需待我先派人去银行查查，看看是否还有多余的钱，我们再行商议。”徐悲鸿一听便知这是官场敷衍之词，只好怏怏地离开大使馆。回程的路上，徐悲鸿突然想起还有几位留德的同学可以求助，这也是他最后的希望了。他赶忙找到宗白华和孟心如等人商量，同学们为徐悲鸿不屈不挠的精神所感动，竭尽全力筹集了一笔钱，借给徐悲鸿，虽然数目不大，但已让徐悲鸿感激涕零。拿着这笔来之不易的钱，徐悲鸿几乎是一路狂奔地来到了画店，思前想后，他买下了康波夫的两幅油画以及数幅速写，这些作品均为康波夫的精心之作，其中最著名的是描绘剧院观众的油画《包厢》[①]。

其时，在德国的美术品价格要比原值低数十倍，认为机不可失的徐悲鸿决定再做一次努力。他写了一封长信给远在国内的老师康有为等人，呼吁各界人士筹集四万元，用以购置大量外国艺术家名作，以便在国内建立一所西方美术陈列馆。遗憾的是，徐悲鸿的呼吁没有产生任何作用，甚至连一封回信都没有。后来，他回忆起这件事，曾极为感慨地写道：“惜乎听者藐藐，而宗白华又非军阀，手无巨资相假也。”而错失购买这批名画的机会亦成为

---

① 徐悲鸿这时期购买的所有康波夫的画作现均藏于北京徐悲鸿纪念馆。

徐悲鸿终生之憾事。

1923年初春，已为生活殚精竭虑的徐悲鸿和蒋碧薇终于等来了久违的好消息。首先，中国教育部承诺将继续供给留学生学费，这样一来，徐悲鸿很快就能回到巴黎去继续他的学业了。紧接着，巴黎一家书店和一家画店几乎同时给徐悲鸿寄来了他在巴黎打工期间画插图的稿费，加起来将近有一千法郎。

徐悲鸿举着汇票，第一时间找到了蒋碧薇，激动地叫道："碧薇，碧薇，我们可以买一把好琴啦！"正在读莫泊桑短篇小说《项链》的蒋碧薇连忙放下手中的书本，欣喜地望着悲鸿。两人相视一笑，刹那，似乎空气中都充满了欢乐的气息。"碧薇，我们这就上街去，"徐悲鸿拉着蒋碧薇的手，"这笔钱全部给你买小提琴，我一点也不用，一点也不用！"徐悲鸿快乐地重复着。

两人来到繁华的市中心，耐心地走进一家又一家商店，仔细地挑选、比较，最终在一家委托商行看到一把寄卖的旧琴，音色优美无比，远胜过他们之前看过的所有新琴。徐悲鸿的脸上闪着亮光，以一种甚至比他自己买到心仪的画册还要兴奋的声音说道："碧薇，你终于有一把好琴了，这样的琴真是可遇不可求啊！"但是，蒋碧薇却轻轻地皱起了眉尖，脸上浮现出一种犹豫不决的神情。

"赶快买下吧！你赶快买下吧！"徐悲鸿在一旁连声催促。"等……等……"蒋碧薇轻声应答着，似乎有一些话难以出口。"碧薇，你这是怎么啦？"徐悲鸿急切地问道。蒋碧薇低着头，沉吟不语。徐悲鸿叹了一口气，有些不耐烦地说，"你在想什么呀？""我在想，在想……"蒋碧薇喃喃地说，"刚刚进来之前，我看见了一件漂亮的皮大衣，就在琴行对面那家时装店的橱窗里挂着。看那尺寸，我穿上正合身，价钱也是这样多……我真的……真的……很喜欢那件衣裳。"徐悲鸿焦急起来："可是这把好琴不是你早就想买的吗？为什么忽然改变了主意？""为什么？"蒋碧薇突然生起气来，"在巴黎，在柏林，在许多社交场所，我连件普通的大衣都没有，更不必说像样的大衣了。每次出门，我都觉得很难堪，非常难堪。"听到妻子这番话，徐悲鸿感到异常惊愕，他从未想过一把好琴的分量竟然比不过一件衣裳。虽然，他心中还试图说服妻子买下那把小提琴，但是，他很清楚，蒋碧薇有着跟他一样倔强的性格，一旦认定了的事情，几乎就无法改变。因此，悲鸿唯有沉默着，任凭她自己选择。

果然，蒋碧薇还是走向了对面的时装店，买下了那件皮大衣。当她穿着那件款式新颖、裁剪合身、闪闪发亮的黑色皮大衣，洋溢着春风得意的神采，如贵妇人一般出现在徐悲鸿面前时，徐悲鸿不但没有被她那华丽的外表吸引，反而第一次真正意识到他们之间的差异，无论人生追求还是生活目标均是如此的不同。即使两人之前也是争执不断，但徐悲鸿从来不愿直面此问题，总想着之后定会有改变，而如今，他却不得不承认这个现实。徐悲鸿面露愁容，一种无名的烦恼突然涌塞在他心头，他也终于第一次预感到：也许有一天，他和蒋碧薇将在人生的道路上分道扬镳。

将近两年的柏林生活在徐悲鸿收到教育部寄来的留学生学费之后画上了句号，徐悲鸿带着蒋碧薇回到了巴黎，而这里的一切都还是那么亲切与熟悉。徐悲鸿迫不及待地回到国立高等美术学院上课，但此时，弗拉孟先生已去世，由贝纳尔[1]（Besnard）先生继任校长，于是徐悲鸿转到了贝纳尔画室学习。蒋碧薇也继续她的音乐学习，并请了巴黎歌剧院的专业琴师教她小提琴和乐理。

每逢周日早晨，徐悲鸿依然像以前一样早早去到达仰的画室作画。阔别已久的师生二人自是有说不完的话。徐悲鸿不仅滔滔不绝地讲述了自己在柏林的所见所闻，更是不假思索地将自己两年来在绘画上的各种疑虑统统告诉了老师。达仰没有立即解答他的疑惑，而是仔细地检视了他在柏林所作的速写、素描和油画，一面称赞，一面告诫徐悲鸿不要过于在意短期的进步是否明显，而应该继续进行严格、精确的素描创作。同时，油绘人体时务必分细部研究，体会精细之处，切勿追求爽利夺目的笔触。

---

[1] 保罗·阿尔贝特·贝纳尔（Paul Albert Besnard, 1849—1934），法国著名画家、雕刻家，擅长人物肖像画和室内装饰画。贝纳尔在他二十五岁时，凭借《蒂莫凡之死》获得了罗马大奖。1920至1930年就任巴黎国立高等美术学院的校长，并曾为中国艺术在法国的推广起到了推波助澜的作用。1934年，贝纳尔离世时，法国政府甚至为他举行了国葬。在徐悲鸿的法国老师中，贝纳尔无疑是最重量级的一位。徐悲鸿与贝纳尔在创作风格上有着无可置疑的相近性。

贝纳尔像 素描 1933年

遵照达仰的教诲，徐悲鸿更加用心地投入学习与绘画当中。这一年，他创作了油画《持棍老人》《河边》《沉睡的维纳斯》（临摹）以及素描人体、素描动物等多幅作品。年底，他在柏林时所作的油画《老妇》还第一次入选了法国国家美术展览会，在展会上颇受好评。

通过勤奋的学习，徐悲鸿最终以优异成绩通过了巴黎国立高等美术学校的结业考试。此后他也并未丝毫倦怠，仍然坚持学习与创作。大部分时间里，他在学校里作画，有时，也会去巴黎蒙马特区（Montmartre）各美术学院自由作画，或在卢浮宫里临摹油画。愈是勤勉绘画，徐悲鸿愈是深刻地体悟到"学然后知不足"的道理。

河边　油画　1923 年

画面中夕阳透过云层映照得河边一片灿烂。明暗的强烈对比，使画面的景物形成若干个色块，在黄昏中若隐若现。纵横交错的笔触，也正好表现了光影的斑驳和物体表面的凹凸感。

老妇　油画　1922 年

徐悲鸿在此期间创作了多幅以老妇为对象的油画肖像，这幅作于1922年的作品虽不是最终入选法国国家美术展览会的那幅《老妇》，但无论色彩层次、光线变化，还是起伏肌理，此画的技法水准都已相当高。所绘之人物血肉丰满，栩栩如生，很是传神，可代表这一时期徐悲鸿的油画肖像水平。

此外，每个星期天仍旧是徐悲鸿最开心的日子，不仅可以与他最敬佩的达仰老师畅谈绘画，也时常有机会见到一些达仰老师的朋友，他们均是阅历丰厚的老者。这些长者聚在一起，或评论艺术作品，或漫谈历史掌故，偶尔也会聊到鉴赏收藏。此时，徐悲鸿总是静静地坐在一旁倾听，感觉受益匪浅。

1924年，国内政局动荡，徐悲鸿的留学学费又一次被中断，他们的生活也再次陷入了困境。为了节省开销，徐悲鸿与蒋碧薇搬到了一间狭小的阁楼上。阁楼位于一栋六层楼房的顶层，整个房间不足十平方米，光线昏暗，只能通过玻璃天窗采光。

一个平静的夜晚，徐悲鸿和蒋碧薇正吃着晚餐，一场夹着大冰雹的倾盆大雨突然而至，大块的冰雹将天窗的玻璃砸碎。徐悲鸿和妻子惊恐地看着眼前这惊人一幕，差点忘了要把地上的物品立即搬移到床上去。这场暴雨足足下了一个多小时才停歇，但是天窗的破洞已经无法复原。虽为天灾，但按照住房合同上列明的"房屋损坏，不论任何理由，均由房客负责赔偿"的条款，徐悲鸿不得不向朋友借钱用以赔偿被砸碎的十五片大玻璃。如此一来，夫妻二人原本就困难重重的生活更是雪上加霜了。

　　无奈之下，徐悲鸿又开始了半工半读的生活，他不仅接下了为书店画插图、散稿等工作，也时常为一些商店作橱窗布置，同时，蒋碧薇也开始外出打工，有时帮百货公司做些刺绣来补贴家用。回忆起这段艰难的日子，徐悲鸿曾说："时为来欧最穷困之节，至无可控告也。"虽然因窘至此，但徐悲鸿依然坚持每日作画，在这一段艰难的时期中创作了《男人体》《女人体》《老人》《丐》等后来享有盛誉的名画。

男人体　素描　1924年　　　　　　　　　　女人体　素描　1924年

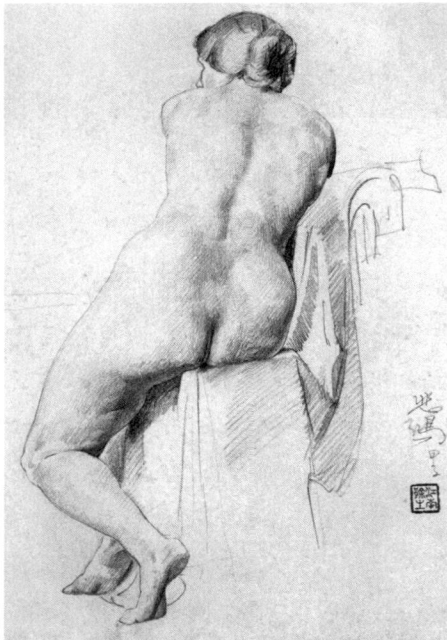

　　20世纪中期，徐悲鸿的素描功力已显现无遗。无论丰满圆润的女人、高大健硕的男人还是肌肉松弛的老人，都能被他描绘得格外到位，极富立体感。在这两幅素描作品中，人物的背部、胳膊、腿部等部位的肌肉（强健的男人体）或是肌肤（圆润的女人体）的处理、线条的运用及排布、明暗关系的对比，均被徐悲鸿表现得非常恰当。徐悲鸿一生所作的素描，以肖像和人体最多。人体的构造是最复杂、巧妙及最难掌握的，徐悲鸿在素描的练习上下了不少功夫。而且正因为对素描的把握游刃有余，才奠定了他日后在油画创作中，对每个物体形体及结构的精准把握。

然而，就像徐悲鸿一直深信不疑的那句话一样：天无绝人之路。当时，中国驻巴黎总领事、江苏人赵颂南先生，与徐悲鸿有同乡之谊，虽未曾蒙面，但当他听说巴黎留学生中有这么一位才华横溢又刻苦努力的画家时，便主动给徐悲鸿写了一封慰问信，并寄赠五百法郎。这雪中送炭的举动让徐悲鸿感动不已，为表达谢意，他不仅立即拜望了赵颂南先生，并当场为赵夫人画了一幅油画肖像。这一时期也就在这样不期而至的援助下艰难却平静地度过了。

　　随着学习与创作的深入，对自己要求甚高的徐悲鸿终于感受到了自己的进步，他的绘画也步入了较为成熟的时期，而此时，这位画家才刚过三十岁。他画了许多卓有功力的人体习作，有素描，也有油画，均为他以后创作人物群像式的大型画作打下了坚实基础。

　　徐悲鸿在这一时期所创作的一批极为出色的人物画中，尤以画他夫人蒋碧薇的三幅最为突出，在巴黎展出时甚至轰动了整个巴黎美术界，成为一时佳话。

　　第一幅《远闻》画的是蒋碧薇在前景右方凝神静阅远方友人的来信，后景为一位坐着在阅报的欧洲老妇，位于画面左侧。两人的距离虽相隔不远，但却各自沉浸于自己的世界中，仿佛画面描绘的是两个交叠却不同的时空，呈现出一派和谐宁静的气氛。当徐悲鸿第一次将此画拿给达仰老师请教时，却被达仰的老友误以为是达仰所作。该作品展出后即被一位法国作家购去赠予法国博物馆了。

　　第二幅《箫声》中的那支晶莹剔透的长箫，穿过蒋碧薇纤纤玉指轻抵唇边。在一片氤氲的背景衬托下，吹箫人娴雅侧坐，一双明眸凝望远方，眼神中却透露出一丝淡淡的哀愁。此画虽着力于刻画人物，但又不拘泥于写生，营造出一种中国国画式意味深长的氛围，更产生了一种思乡的情愫，让人品味再三，流连忘返。

　　第三幅《琴课》描绘了一位安静而甜美的音乐少女，她将自己所有的注意力都放在了小提琴上面。她身着典雅的旗袍，低着

箫声　素描　1924年　　　　　　　　　箫声　油画　1926年

在《箫声》的素描稿上，用法文题写了赞美之词："这是一位描绘瞬间的魔术师，让景致如同从箫口流出（C'est un magicien qui peignit la minute. Le paysage a l'air de sortir de la flûte）。"

头，以柔和的侧影对向我们。整幅画作色调温暖，似有情感的河流缓缓流动之韵，独具岁月的光华，更饱含着徐悲鸿当时对妻子还未消散的爱恋之情，极为珍贵。

除此之外，徐悲鸿在这一时期还创作了油画《怅望》《抚猫》《马夫和马》《自画像》等，这些佳作均对人物性格有着出神入化的刻画，同时也表现出徐悲鸿在人物绘画上的新突破。

抚猫　油画　1924年

　　画面中，少妇蒋碧薇身着偏暗的粉红色旗袍，一手抱着一只白色的猫，一手抚摸着它。猫的两眼炯炯有神，少妇则神情安详，露出淡淡的微笑。她大大的眼睛，加上一头利落的短发，显得很有精神和活力。背景上暗处的男人头像显然是徐悲鸿自己，整个画面明暗对比强烈，很好地凸显了主体人物形象，为"抚猫"这一动态起到了烘托作用。

自画像　油画　1924 年

此幅为徐悲鸿的油画自画像，造型准确结实，人物呼之欲出，动态新奇，环境丰富生动，质感和空间感随着光线的明暗自然显现。从此时期起，徐悲鸿愈发重视对人物内在精神气质的表现，这也成为徐悲鸿日后人物画创作的主旨和出发点。

　　1925年深秋，徐悲鸿偶然在一间画店内发现了一幅达仰老师的油画杰作《奥菲利娅》①，虽然这位在莎士比亚名剧《哈姆雷特》中的著名人物已被很多画家描绘过，但达仰的笔触着重刻画了这个纯真少女极其痛苦的心理状态，画面也定格在了奥菲利娅失恋后精神失常，不幸失足溺水，临死之前的片刻：悲伤失神的人物于空旷的原野之中，人与景自然融合，生命之花瞬间凋零，整个画面宛如一首悲伤的抒情诗。徐悲鸿徘徊在这幅画艺超群、精

---

　　①　此画现陈列于北京徐悲鸿纪念馆。

美绝伦的油画前，久久不肯离去，但他深知自己目前的状况：连三餐都成问题，又何来一大笔额外的钱可以买下这幅"心头好"呢？

然而，不轻言放弃的徐悲鸿还是抱着事在人为的决心，请求画店老板留下此画并给他一段时间去筹措经费，老板犹豫再三最终答应了他的请求，但也提出了极为苛刻的条件：时限不能超过三个月，而且一定要按照原价购买，没有任何折扣。

为了筹集这笔费用，徐悲鸿终日四处奔波，却未有结果。后来，一位旅居新加坡的华侨黄孟圭先生在巴黎倦游思归，听说徐悲鸿正为购画筹款之事焦头烂额，便力劝他去新加坡尝试卖画。徐悲鸿筹款心切，立即采纳了这个建议。不久之后，他便和黄孟圭一同启程赴新加坡，蒋碧薇则留在巴黎，等待他成功归来。

初冬之时，徐、黄两人到达了新加坡。在黄孟圭的介绍下，徐悲鸿认识了华侨巨商陈嘉庚先生，并为他画了一幅油画肖像，陈嘉庚看到画作后十分满意，当即以二千五百元现洋赠送徐悲鸿。徐悲鸿将陈嘉庚赠送的画款，立即汇往了巴黎的画店，如愿以偿地买下了那幅心心念念的达仰真迹《奥菲利娅》。

为了报答陈嘉庚，徐悲鸿又画了马克思和托尔斯泰的油画像，赠给陈嘉庚先生所办的厦门大学。随后，他还为新加坡的一些华侨富商、领袖作画，虽然十分辛苦，却获得了一笔颇为丰厚的收入。

一个多月后，徐悲鸿的第一次新加坡之行结束，此行虽短暂却甚为圆满。但因系念着已阔别六年之久的祖国，他并未立即返回巴黎，而是由新加坡匆匆回到了上海。其时，整个中国仍旧处于军阀割据、民不聊生的黑暗之中，这一切使徐悲鸿感慨万千，也又一次加深了他从少年时代就萌发了的忧国忧民之感。

在上海，徐悲鸿访问了田汉①，这位热情的作家与徐悲鸿一见如故。他

---

① 田汉（1898—1968），原名寿昌，田汉是其最出名的一个笔名。著名的剧作家、诗人、文艺活动家，中国现代戏剧奠基人之一。他创作歌词的歌曲《万里长城》的第一段后来成为中华人民共和国国歌《义勇军进行曲》的歌词。田汉早年留学日本时曾自署为"中国未来的易卜生"，而其之后在戏剧、戏曲方面，确实有许多代表作，影响了同时代一大批进步青年。

们一起开怀畅饮、交流艺术、针砭时弊，而他们之间的友谊也自此开始，终生不渝。2月，田汉为徐悲鸿举行了"消寒会"，介绍他和上海文艺界人士郭沫若等人见面。之后，徐悲鸿还特意去拜访了老师康有为和恩人黄震之先生，并为他们分别作了油画肖像，以表达对他们的感激之情。

身在国内的徐悲鸿，并没有忘记远在巴黎的妻子，尽管生活带给他们很多摩擦，但七载相依的感情却牢牢地系在徐悲鸿心上。这一时期，因时常梦见正在拉小提琴的蒋碧薇，徐悲鸿还有感而发地作了一首名为《梦中忆内》的诗来表达他对妻子浓浓的思念之情："衫叠盈高阁，椽侵万卷书。梦中惊诈异，凄绝客身孤。不解憎还爱？忘形七载来。知卿方入夜，对影低徘徊。"

然而，同一时期的蒋碧薇不但没有"对影低徘徊"的寂寞感，竟然觉得日子比以前更加轻松愉快。她不仅常常和张道藩、谢寿康、邵洵美、常玉等"天狗会"的朋友外出游玩，一起坐咖啡馆、一起聊天看戏，还饶有兴趣地学会了跳舞，经常在张道藩的陪同下出席一些晚宴和舞会。其间，张道藩对蒋碧薇殷勤有加，展现出无与伦比的优雅与细腻，让蒋碧薇觉得他们两人应是极其地契合，因此，蒋碧薇也常常请他充当舞会男伴。而他们的亲密关系，在当时便已成为巴黎一些朋友们暗中议论的话题。

在国内，正忙着筹备上海个人画展的徐悲鸿对此却毫不知情。在朋友的帮助下，他顺利地展出了历年作品，并引起了中国文化界的极大关注。康有为盛赞他的作品："精深华妙，隐秀雄奇，独步中国，无以为偶。"上海中华书局也为他出版了一本《悲鸿绘集》，以此向国内的文艺界宣介他的作品。

此刻，徐悲鸿很希望蒋碧薇在他身边，一同分享他画展成功的喜悦。而蒋碧薇却早已将他抛诸脑后，正享受着她小布尔乔亚生活的乐趣。永远沉浸在艺术世界中的徐悲鸿是天真的，他从未怀疑过妻子，也从未想到，在他们巴黎的小阁楼中，那把《琴课》中出现的小提琴早已被遗落在一个阴暗的角落，蒙上了厚厚的灰尘，并将永远地被遗忘了。

在上海停留了三个月后，徐悲鸿于1926年的暮春时节启程重返欧洲。临行之时，田汉等人为徐悲鸿送行。依依不舍之际，徐悲鸿向田汉许下了"不久之后必将回国相聚"的承诺。

　　回到巴黎，徐悲鸿终于见到了朝思暮想的妻子。原本，徐悲鸿在新加坡的卖画所得颇丰，足够支撑二人在欧洲生活好几年，但因徐悲鸿在上海逗留期间又购买了一些字画、书籍，所剩余的积蓄就只够负担他们在巴黎一年的生活用度。为此，夫妻二人久别重逢的喜悦之中又掺杂了许多的争执与埋怨，同时也预示着徐悲鸿的留学生活将于一年之后画上句号。

　　为了深入研究全欧的绘画艺术，徐悲鸿于夏季开始了一段欧洲艺术旅行，并将第一站定在了比利时。抵达布鲁塞尔后，徐悲鸿每天去当地博物院临摹油画，尤其喜爱临摹约尔当斯①（Jordaens）的作品。于是，徐悲鸿又像过去一样，一画就是十多个小时，既不吃饭，也不喝水，全神贯注，一气呵成。此后，他又赴安特卫普参观了巴洛克画派早期代表人物鲁本斯②（Rubens）的杰作，惊其天才，感慨万分，久久不肯离去。

　　1927年春天，徐悲鸿与蒋碧薇一同离开比利时赴瑞士和意大利游览。在兼通音律书刻的杨仲子先生的陪同下，徐悲鸿不仅游览了日内瓦湖的迷人风光，也欣赏到了荷尔拜因③（Holbein）和勃克林④（Bocklin）之传世画作。

----

　　①　雅各布·约尔当斯（Jacob Jordaens, 1593—1678），法兰德斯著名画家，鲁本斯（Rubens）的合作者之一。他接受鲁本斯的邀请，与鲁本斯一起完成过一些重要创作。他主要的成就表现在继承和发扬法兰德斯风俗画的传统方面，擅长描写法兰德斯的市民生活，其作品充满生活情趣和乐观主义精神。其代表作品有《秋天的丰收》《豆子国王》《萨提尔在农家做客》等。

　　②　彼得·保罗·鲁本斯（Peter Paul Rubens, 1577—1640），法兰德斯最伟大的画家之一，巴洛克画派早期的代表人物。鲁本斯的绘画笔法洒脱自如，整体感强，将文艺复兴艺术的高超技巧及人文主义思想和法兰德斯古老的民族美术传统结合起来，形成了一种气势宏伟、色彩丰富、运动感强的独特风格。其代表作品有《上十字架》《下十字架》《阿玛戎之战》《玛丽·德·美第奇生涯》《美惠三女神》等。

　　③　小汉斯·荷尔拜因（Hans Holbein the Younger, 约1497—1543），德国画家，欧洲北方文艺复兴时期绘画的著名代表人物。一生致力于肖像创作，并富有独创性。其代表作品有肖像画《大使像》《莫莱特像》《金银匠摩赖特像》《索洛图恩的圣母》《达姆施塔特的圣母》等。

　　④　阿诺德·勃克林（Arnold Bocklin, 1827—1901），瑞士象征主义画家。代表作有《死岛》《维纳斯诞生》《普罗米修斯》《圣洁庄严的森林》等。他的作品对20世纪的超现实主义画派有很大的影响，比如威瑟特（Otto Weisert）在1904年创造了名为"勃克林体"的新艺术字体，此字体不但受到后来的"嬉皮运动"青睐，并被20世纪70年代的画家广泛应用。勃克林的另一幅举世名作《死岛》也为俄罗斯作曲家拉赫马尼诺夫提供了灵感，使其创作了著名交响乐《死岛》。

随后夫妻俩又转赴苏黎世，观看了莱茵河左岸印象派代表霍德勒（Hodler）①之作，这些大师的作品使得徐悲鸿眼界大开，喜不自禁。

遍游意大利名城米兰、佛罗伦萨、罗马等地的同时，徐悲鸿也纵情欣赏了"文艺复兴后三杰"——达·芬奇（Da Vinci）、米开朗基罗②（Michelangelo）、拉斐尔③（Raffaello）以及其他一些文艺复兴时期大师的绘画及雕塑作品。

在米兰一座修道院的餐厅墙上，徐悲鸿看到了达·芬奇的举世名作《最后的晚餐》。站在这幅画面构图与餐厅建筑结构联结得天衣无缝的画作前，徐悲鸿仿佛听到充满戏剧感的画面上回荡着耶稣的质问声："在你们之中，是谁背叛了我？"耶稣于画面正中，他双手摊开、镇定自若的模样，与周围那些或紧张，或惊恐，或愤怒，或痛苦的门徒们形成鲜明对比。画面中的人物，无论相貌神态还是行为手势，都被达·芬奇刻画得精细入微、惟妙惟肖，使观者大有身临其境之感，徐悲鸿亦低回感叹，不能自己。

流连于梵蒂冈西斯廷教堂内，徐悲鸿为米开朗基罗绘制于西斯廷大教堂的巨幅天顶壁画《创世记》所震撼。这幅用四年零五个月的时间完成的世界上最大的壁画，庄严华丽，大气磅礴。米开朗基罗以超凡的智慧和毅力勾勒出一派"静中有动"的盛况。米开朗基罗透过人体去体现灵魂，三百多个人物无一不栩栩如生，同时，他们的动作、神情、力量也是无与伦比的。

"文艺复兴后三杰"中最年轻的拉斐尔作于梵蒂冈教皇宫中的《雅典学派》也让徐悲鸿慨叹不已。这组大壁画将大哲学家们——呈现：柏拉图与亚

---

① 费迪南德·霍德勒（Ferdinand Hodler，1853—1918），瑞士最著名的艺术家之一。1889年，霍德勒以油画《夜》确立了自己的风格——构图简洁，富象征与写实手法。而此风格开启了青春派和表现主义的画风。其最有名的两幅代表作为《夜》和《被选者》。

② 米开朗基罗·博那罗蒂（Michelangelo Buonarroti，1475—1564），意大利文艺复兴时期伟大的绘画家、雕塑家、建筑师和诗人，更是此时期雕塑艺术最高峰的代表。他一生追求艺术的完美，坚持自己的艺术思想，而他的风格影响了几乎三个世纪的艺术家。后来，小行星3001以他的名字命名，以表达后人对他的尊敬。其代表作有《大卫》《摩西》《奴隶》《创世记》等。

③ 拉斐尔·桑西（Raffaello Santi，1483—1520），意大利著名画家，"文艺复兴后三杰"中最年轻的一位。他性情平和、文雅，创作了大量的圣母像，而他的作品亦充分体现了安宁、协调、和谐、对称以及完美和恬静的秩序——从这个意义上来说，他的作品确实可被称为"人文主义及文艺复兴世界的顶峰"。其代表作有《西斯廷圣母》和《雅典学派》等。

里士多德位于画面中心，一个以手指指天，另一个则伸出右指指向他前面的世界，以此表示他们不同的哲学观点。两人被众多门徒围绕，他们或沉思，或伫立，或讨论，或写作，或静听，各具神情，气势雄伟。整体构图丰富而精妙，人物安排生动而有序，丝毫不显杂乱。

除此之外，徐悲鸿还欣赏了很多其他艺术大师的绘画与雕塑作品，比如波蒂切利①（Botticelli）的巨幅壁画、提香的《圣母升天》，还有无头无臂的大理石雕刻《西莱纳的维纳斯》……最后，徐悲鸿一行来到了庞贝古城（Pompeii）。驻足于这座一千多年的古城遗址之上，彼时的房屋、建筑、生活场景、壁画似乎历历在目，沉淀着辉煌的文明与悠远的繁荣。众人惊叹于眼前之景，长久徘徊，不忍离去。

这次壮观的艺术游历带给徐悲鸿很多新的体会。回到巴黎后，徐悲鸿送选的九幅作品全部入选法国国家美展，并以精湛的技巧和独特的东方韵味享誉法国画坛。巨大的成功也似是徐悲鸿为欧洲的绘画学习交出了一份满意的答卷。不久之后，徐悲鸿做出了一个决定：回国。

临行前，徐悲鸿特意拜访了他最为不舍的达仰先生，希望能在回国之前最后聆听一次这位恩师的教诲。然而，当他如往常一样走进熟悉的客厅，站在熟悉的画作前，等待脸上总是挂着微笑的老师出现时，却只等来了达仰先生的夫人。原来，达仰因常年工作与作画导致过度疲劳，加上年事已高，患上了心悸症。

达仰夫人将徐悲鸿领进先生卧室，卧病在床的达仰不停地喘息着，看上去十分疲乏和虚弱，那张布满皱纹的脸更加瘦削了。见到徐悲鸿到来，他竭力使自己像往常一样和悦地微笑，眼神中依旧充满了如同往日一般的亲切感。当徐悲鸿告诉他自己要回国的消息后，达仰用尽全身力气勉励徐悲鸿："回国后要继续努力，做一个伟大的中国人，还有，一个伟大的画家。"

突然，一种十分凄楚的心情猛地包围住了徐悲鸿，他隐隐感到这次的离别可能成为永诀，但他深恐达仰先生察觉，只好勉强谈笑，却不知该如何措

---

① 桑德罗·波蒂切利（Sandro Botticelli，1445—1510），15世纪末意大利著名画家，欧洲文艺复兴早期"佛罗伦萨画派"的最后一位画家，意大利肖像画的先驱者。其代表作品有《春》《三博士来朝》等。

辞。半晌之后，徐悲鸿强忍着眼泪说道："先生，但愿我能不辜负您的希望和教导……"虽然他是多么想向这位老师表达他最深切的感谢，在他心里，除了父亲以外，只有达仰先生对他的教诲和关怀最多。但是，他的嘴唇在打战，竭力忍住悲痛，因为他知道，纵然有万般不舍、几多悲伤，终究还是要别离的，永远的别离。于是，徐悲鸿将话语藏在了心里，在最后一次握过达仰先生那双温暖又干瘦的手之后，徐悲鸿怅然而去。

1927年4月，徐悲鸿携带着他那满箱满箧的书画，一个人踏上了回国的行程。这些书画中不仅有他节衣缩食买来的名家画作，还有他自己的许多习作和作品，以及他临摹的许多油画，如德拉克洛瓦的《希阿岛的屠杀》、约尔当斯的《秋天的丰收》、伦勃朗的《第二夫人像》等。而每一本书、每一张画均代表着一段黄金岁月，或者一个他与欧洲这片土地最亲密的故事。

徐悲鸿最后向卢浮宫、凯旋门、香榭丽舍大道、埃菲尔铁塔投去了深情的一瞥，这座城市依然那么迷人，就如当初一样，而这些巴黎的代表建筑也成为徐悲鸿心目中最美的风景。那些贫困、饥饿、疾病的日子，那些德才兼备的老师，都一一在他的脑海中闪过。

而此时，距离徐悲鸿1919年第一次踏上欧洲大陆，竟已隔了八年之久。漫长的旅欧岁月，留给他的财富竟是如此丰厚，不仅让他收获了精湛的技艺、广博的知识，也更加坚定了他对艺术的敬畏之心、虔诚之情，为徐悲鸿日后的改革与开创之路指引着正确的方向。

自画像　素描　1922年

　　此作品为画家半身自画像。画面构图非常饱满，背景隐约绘出一匹白马，空间感十足。徐悲鸿身体微侧，造型准确，面部刻画也极为细致。该画运用了西方的明暗光影塑造法造型，色调厚重，高光处以白粉画出，灰颜色部分则具有水墨写意的感觉，中西融合得当，是不可多得的人物肖像素描佳作。

蜜月　素描稿

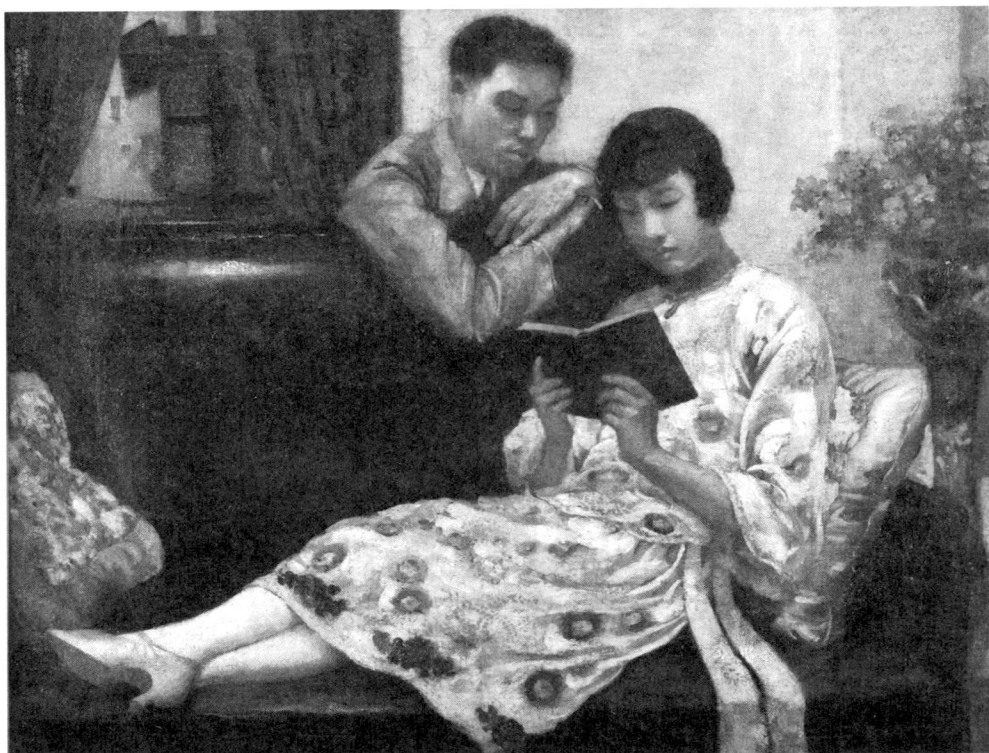

蜜月　油画　1925年

渔夫 中国画 1926年

此画堪称中西结合新国画的开山作品，具有划时代的意义。在这幅作品中，徐悲鸿改变了以往中国画"以理念作画、以墨为主、以线造型、以书法用笔的千百年不变的传统技法"，加以具有鲜明写实主义的艺术新风，使得朝气蓬勃的"新中国画"从此确立。画面描绘了一老一小两个垂钓者，人物形象鲜明生动，刻画入微。有趣的是，此画并无背景，不似一般描绘捕鱼之作，它远离了山水舟楫，却更加凸显了两代钓者的心灵相通与默契，并寄托了徐悲鸿内心祈盼多灾多难的祖国早日和睦生财、年年有鱼（余）的美好心愿。

第五章 ╲ 作育英才下成蹊

回国的轮船航行在波涛汹涌的大西洋上，渐渐地离艺术天堂欧洲越来越远。八年时光的欢喜、悲伤、收获与遗憾均化作弥足珍贵的财富，沉淀在徐悲鸿的心底，被他小心地安放起来。归途中，徐悲鸿遇到了在法国取得国家科学博士学位的物理学家严济慈先生。徐悲鸿十分钦佩这位以科学论文震动全法的中国科学家，当即为他画了一幅素描肖像，并用法文在旁边题写了"科学之光"。与此同时，徐悲鸿也更加意识到自己身上肩负着的"复兴中国美术"的重任。

　　轮船驶入亚洲区域之后，徐悲鸿选择先在新加坡上岸，为当地的华侨画像，以此筹措一笔在上海租房安家的费用。8月，徐悲鸿从新加坡乘船返回上海，9月初，终于回到了阔别八年的祖国。

　　望着黄浦江怔怔出神的徐悲鸿突然听到远处传来的呼喊声，循着声音的方向望去，徐悲鸿看到了一个熟悉的身影：田汉正挤在码头处密密麻麻的人群中，用力地、不停地挥动着他那顶陈旧的宽边礼帽，高声叫着："悲鸿！悲鸿！"徐悲鸿赶紧下船并跟随着稠密的人流挤上了岸。

两人一见面，徐悲鸿便紧紧地握着田汉的手说道："寿昌，我没有失信吧？"透过厚厚的眼镜片，田汉的眼中也闪烁出激动的光芒："悲鸿，当我收到你的信说你即将回到上海，你不知道，我高兴得一连好几夜没睡着呢，你看我的眼圈。"田汉边说边摘下了眼镜，嘴角依然洋溢着笑意。

　　灿烂的晚霞映在黄浦江上，江水被染上了绚丽的色彩。站在黄浦江边，徐悲鸿和田汉不由自主谈起了艺术和民生。夕阳的余晖洒在两人的身上，同时也将他们的理想照耀得更加清晰。田汉兴奋地告诉徐悲鸿，他正在积极恢复上海艺术大学①，而徐悲鸿表示一定会全力支持。当两人谈到不久之前发生在上海的那次失败的工人武装起义时，均叹息不已。他们不但为那些在起义中不幸被屠杀的人民感到悲痛，更为依旧沉沦在半封建半殖民地的祖国感到忧伤。一时之间，两人都沉默了，并陷入深深的沉思。

　　突然，一阵猛烈的海风吹来，徐悲鸿不禁想起了十二年前那个风雨交加的夜晚，同样在这片土地上，在黄浦江边，无情的风雨冷酷地拍打着他，差点让他产生了轻生的念头。十二年的光阴一晃而过，如今，他不再是那个孤苦无依的青年，而是一名勇猛的战士，即将踏上开拓祖国艺术事业的征途。徐悲鸿拍了拍田汉的肩膀："走，为了祖国的未来，我们先去吃一顿。"田汉使劲儿点了点头，两人有说有笑地往市里走去。此刻，两人眼睛里闪烁着的炙热的火焰，仿佛照亮了脚下的道路，也即将给中国艺术界点燃一束希望之火。

　　回国初期的生活是忙碌而充实的，徐悲鸿不仅应田汉之邀担任了上海艺术大学的校董和教授，也应邀与陈抱一等人参加了上海美术联合会画展的筹备工作。这次展览会由中华艺术大学和晨光艺术会发起，天化艺术会、上海漫画会、上海艺术大学、新华艺术大学、上海艺术专科师范等团体参办，展览会悉数展出了徐悲鸿与陈抱一、丁衍镛、张聿光、万籁鸣、许士骐、陈之佛、宋志钦、朱应鹏、倪贻德等六十余人的百余件作品。紧接着，中华艺术

---

　　① 上海艺术大学是一所私立的艺术大学，设有美术、戏剧等系，校长是曾经留学日本学习油画的周勤豪先生。由于办学经费不济，学校难以为继处于瘫痪状态，周校长也离任了。田汉在该校担任外国文学教授，虽然困难重重亦未放弃恢复学校的工作，教师和学生们也都有着浓厚的爱国思想。

大学也特聘徐悲鸿担任学校西洋画兼理论教授。此时，徐悲鸿在国内艺术界的名声越来越大了。

同年10月，蒋碧薇从巴黎回到了上海，且已怀有身孕。徐悲鸿便租下了霞飞坊九十九号一幢新建成的弄堂房子。房屋原本就不宽大，加之蒋碧薇的父母也搬来同住，就更显拥挤了。不过，家人团聚，甚觉欣慰，异国他乡漂泊数年的徐悲鸿与蒋碧薇也总算在上海安下家来。

一切安顿好后，徐悲鸿的新居便成为各种各样的聚会和登门拜访之地。一天，徐悲鸿的故交黄警顽先生带了一个清瘦的年轻人来见徐悲鸿。初时，年轻人拘束不已，只敢轻声道出自己对徐悲鸿的敬仰之情，并小心翼翼地展开了自己所作之画请徐悲鸿提点指导。当徐悲鸿看到这幅造型生动、笔墨自如的水墨人物画后，不仅连连称赞，更是滔滔不绝地跟年轻人分享了自己画水墨人物的心得。徐悲鸿的亲切与毫无保留使得年轻人慢慢敞开了心扉。在共同交流绘画艺术当中，两人大有相见恨晚之感，而徐悲鸿更是直接让年轻人住进了自己的画室。此后，年轻人不仅有机会日日观摩徐悲鸿的创作，更饱览了徐悲鸿收藏的所有古今中外名画。在亦师亦友的徐悲鸿的亲自指导下，年轻人逐渐形成了自己的创作风格与艺术思想，朝夕相处当中，两人也成为莫逆之交。这位年轻人便是之后成为中国20世纪画坛一代巨匠的蒋兆和①，而他创作的《流民图》等作品亦成为中国现代水墨人物画的里程碑之作。

除了应酬各种拜访聚会，徐悲鸿平日里也竭尽全力支持好友田汉恢复上海艺术大学的工作。因为在艺术上有着一致的目标和主张，徐悲鸿和田汉两人都希望将上海艺术大学作为他们推行现实主义艺术教育的坚强阵地，不分彼此，相互扶持。为了帮助上海艺大筹集经费，徐悲鸿不顾蒋碧薇的反对，经常亲自去各大学校推销话剧和京剧演出票，甚至还将跟随自己多年的怀表忍痛典当了。在蒋碧薇养胎期间，徐悲鸿也甚少有时间留在家里照顾妻子，为此，夫妻间除了偶尔的争吵之外，能够平心静气聊天的机会也越来越少。

---

① 蒋兆和在传统中国画的基础上融合西画之长，并创造性地拓展了中国水墨人物画的技巧。其造型之精谨，表现人物内心世界之深刻，在中国人物画史上达到了一个新的高度。

日子在忙碌中匆匆而逝，1927年转眼便要结束了，而此时，徐悲鸿与蒋碧薇的儿子在霞飞坊的家中出生了，取名为徐伯阳。儿子的呱呱坠地，为徐悲鸿的生活增添了一抹欢愉明媚的亮色，也暂时拉近了夫妻二人的距离。望着襁褓中的婴孩，徐悲鸿更希望能够为这个年轻的生命营造一个健康美好的艺术环境。于是，徐悲鸿在工作中更是满怀热忱，不遗余力地推行着现实主义的艺术价值观。每当他与刘汝醴[①]等学生谈及艺术时，也总会特别提到他在绘画上的现实观："想在绘画上有所成就，必须多看、多想、多画，不要忽略你们时时接触的现实，艺术要表现生活。"

岁末，徐悲鸿、田汉、欧阳予倩[②]在一次艺术讨论中决定成立一个他们自己的艺术团体，取名为"南国社"。"南国社"的成立，也更加坚定了这帮志同道合的朋友想要一同复兴中国艺术的决心。

1928年年初，恢复上海艺术大学的事宜仍在极为艰难地推进着。徐悲鸿在讲学中不断引导学生们遵循"师法造化，中得心源"的道路，并鼓励大家要敢于另辟蹊径，形成自己的流派风格。然而，不久之后，学校却遭到了与国民党当局息息相通的法国巡捕房的封锁，这不仅是因为学校拖欠了房租，更因其被怀疑藏有共产党员。重重受阻之后，田汉与徐悲鸿等人决定另起炉灶，在上海组织成立了另一所学校——南国艺术学院。

由于经费所限，南国艺校只能租到一个不大的学堂，校址在法租界爱威斯路三百七十一弄。全校教师只有包括创办者田汉、徐悲鸿、洪深[③]、欧阳予倩等在内的寥寥几人。为表示支持，徐悲鸿还义务担任了南国艺术学院美术系主任。同时，为了减少开支，全院没有聘请一个职工，所有的事宜都由学生们自己承担。美术系由吴作人、刘汝醴、刘艺斯、王临乙、

① 刘汝醴（1910—1988），现代画家、美术史论家。1927年入上海艺术大学习画。1931年转往南京的中央大学艺术系，师从徐悲鸿。

② 欧阳予倩（1889—1962），中国戏剧艺术家、戏剧教育家。早年曾留学日本，出演多部话剧。一生中编、导、演了大量剧目及电影，新中国成立后，任中国文联副主席、中央戏剧学院院长等，是我国话剧开拓者之一。

③ 洪深（1894—1955），中国著名导演、剧作家。1916年从清华大学毕业后又于1919年考入哈佛大学戏剧训练班。1922年回国后便一直和田汉等人一起为艺术事业奋斗不息。他从中国话剧和电影的初创时期开始，就进行了编剧、导演、表演等全面的实践和理论探索，是中国现代话剧和电影的奠基人之一。

孙多慈等人负责，戏剧系则由陈白尘、金焰、郑君里、塞克、左明、赵铭彝、马宁等把关。

不管情况如何艰难，"南国"也始终如一地遵行着它的办学理念——培养"能与时代共痛痒，而又有定见实学的艺术运动人材，以为新时代之先驱"，而大部分学生确实后来都成为不同艺术领域的佼佼者。

在这批学生中，不可不提的一位便是日后成为大画家的吴作人。实际上，这位来自苏州的年轻人在1927年入学时还发生了一段有趣的小插曲。当时十九岁的吴作人原本是想来上海学习建筑的，却因恰巧在上海艺术大学的招生启事上看到了自己十分敬仰的徐悲鸿的名字，便毫不犹豫地报考了上海艺术大学美术系，开始学习绘画。由于资金匮乏，学校在开学后的很长一段时间里一直处于瘫痪状态，没有教师来上课，因此学生们只好自己在教室里对着石膏像画素描。当时对绘画还一知半解的吴作人，既不会使用炭条，也不会勾勒轮廓，于是他就一边观察其他同学用笔，一边自己跟着画，就这样，懵懵懂懂地自学了一个多月。

一天，徐悲鸿来学校作演讲，不但引起了全校轰动，更在演讲结束后，被邀请到各个班级进行巡视。当他看到一年级某班的一幅素描习作时，不禁大为赞赏：此画虽技法稚嫩，但笔触之间却流露出一种灵气与精准，而这幅习作的作者正是吴作人。徐悲鸿当即留下地址给吴作人，叫他每周日到自己家中习画。而一向对徐悲鸿仰慕不已的吴作人，既激动又忐忑，怀着紧张又感激的心情每周日都准时应约。如同当年达仰对他毫无保留地教诲一般，徐悲鸿也十分爱重这个颇有天分的年轻人，并且将自己在绘画方面的心得倾囊相授。于是，在徐悲鸿的亲自教导下，吴作人的画艺突飞猛进。在上海艺术学院遭到封闭后，吴作人也转学到了南国艺术学院，得到老师徐悲鸿更多的教诲。

除了重新有了一块复兴美术的阵地外，更令徐悲鸿开心的一件事，莫过于在南国艺术学院，他拥有了一间宽敞明亮的画室。于是，徐悲鸿把大部分的美术书籍、画片和画具从霞飞坊狭窄的家中搬了过来，一方面供学生们自由翻阅学习，另一方面，也供他自己在画室里教课与作画。

在教学中，徐悲鸿对学生们进行了极为严格的素描训练。他不仅强调素描是一切造型艺术的基础，只有通过扎实而准确的素描训练，方能初步掌握写生能力和造型规律，同时，他还要求学生"但取简约，以求大和，不尚琐碎，失之微细"，对所绘之物的体积、结构、质感、空间感进行提炼、取舍、概括，既要"致广大"也要"尽精微"，以表现对象的特征和实质。而徐悲鸿在这一时期的教学理念在他的素描作品《南京台城》中也得到了充分的

南京台城　素描　1928 年
　　台城是南京的名胜之一，与鸡鸣寺毗连。登上台城，可将全景尽收眼底。该画状物清晰，对景物的塑造从笔法到整体效果上，体现出简洁概括、自然和谐、细腻优美的意境。

体现：流水、小桥、人家，枯树、薄霭、远山，路人、车辆、行马，由近至远一一展开入画，构图造型准确，布局层次分明。徐悲鸿采用了擦笔法与"知白守黑"等技法处理，运笔流畅洒脱，线条简洁明朗，空间明暗得当，所绘景物协调生趣、动静相宜，好似画面本身就带着起伏节律之感，让人不禁啧啧称奇。

在开展教学工作的同时，徐悲鸿也开始了巨幅油画《田横五百士》的构思与创作。这幅高一百九十八厘米、宽三百五十五厘米的作品取材自《史记·田儋列传》①。田横是秦末齐国旧王族，齐王田氏的后裔。陈胜、吴广起义后，四方豪杰纷纷响应，田横一家也是抗秦的部队之一。汉高祖刘邦消灭群雄一统天下后，田横带领五百余人仍然据守在一个孤岛上（现名田横岛，位于山东即墨县东北）。田横在齐人中很得人心、威望颇高，追随他的大都是本领出众之人。刘邦听闻后，担心这些人长期盘踞于岛上，恐生后患，于是，便下诏书说："若田横归顺西汉，大可封王，小可封侯；若不从，便派大兵诛灭岛上之人。"为了使五百余人保全性命、免遭屠戮，田横带了两名随从离开海岛，奔赴京城觐见刘邦。然而，行至离京城洛阳三十里的驿站，田横便自刎而死，遗嘱中令两名随从带着自己的首级去见刘邦——一则表明自己不受招降的耻辱，二则保全岛上五百人的性命。刘邦念其大贤，用王礼安葬了田横，并封两名随从为都尉。岂料，两名随从随后也自刎在田横的墓穴中。刘邦闻之大惊，认为拥护田横的人实乃贤士，便派使者前去招抚留居岛上的五百人。但是，岛上的人得知田横自刎，也相继蹈海而死。司马迁慨然写道："田横之高节，宾客慕义而从横死，岂非至贤！"极高地赞誉了田横能得人心和不屈不挠的高风亮节。

当徐悲鸿读到这篇列传时，感触极深。尤其司马迁在书中对"不无善画者，莫能图，何哉？"的慨叹，更加触动了这位艺术家的心。抚今追昔，着

① 《史记》，西汉著名史学家司马迁撰写的一部纪传体史书，也是中国历史上第一部纪传体通史，被列为"二十四史"之首。它记载了上自上古传说中的黄帝时代，下至汉武帝太初四年间，共三千多年的历史。与后来的《汉书》《后汉书》《三国志》合称"前四史"。《史记》全书包括十二本纪、三十世家、七十列传、十表、八书，共一百三十篇。《史记》对后世史学和文学的发展都产生了深远影响，其首创的纪传体编史方法也为后来历代"正史"所传承。

眼当下，国民党的腐败和帝国主义的侵略使得小人当道，这些人为了一己私利，竟然卖国求荣，毫无气节可言。霎时，一种不可推卸的责任感促使他决定创作这幅作品，借古讽今，以此无情地贬斥那些趋炎附势之人。

于是，徐悲鸿选取了田横即将赴洛阳见刘邦，临行前与五百壮士诀别的场面进行刻画，以人物"富贵不能淫，威武不能屈"的高尚气节作为主题思想，整体构图简约又不失庄重。画面中，田横面容肃穆地拱手向岛上的壮士们告别，在那双炯炯有神的眼睛里没有犹疑、凄婉、悲怆，而是闪耀着坚毅、自信的光芒。壮士中有人沉默，有人忧伤，有人愤怒，也有人连连摆手表示反对他离去。最形象的莫过于画面左侧的一位瘸了腿的老人正在急急向前，好像为了阻止田横去洛阳竟全然忘了自己的伤痛。而在画面右侧，立着一匹整鞍待发的白马，它不安地扭动着头颈，似乎也知晓田横此行必定凶多吉少。田横背后，浓重的白云沉郁地低垂着，更显压抑之感。人物与大地、大地与海洋、海洋与天空融为一体，渗透着一种撼人心魄的悲壮、崇高之美，也彰显出强烈的悲剧气氛。

教课之余，徐悲鸿便全身心地投入这幅绘画中，自此，南国艺术学院的画室也成了他第二个家。

在徐悲鸿开始创作《田横五百士》后不久，南京国立中央大学向他发出了一个极为诚挚的聘请，希望他能够到校担任艺术系教授。徐悲鸿提出接受聘书必须以不辞去南国艺术学院的教职为前提，校方亦欣然答应了。于是，徐悲鸿的工作越发忙碌了，他大量时间都风尘仆仆地往返于京沪铁路上，半个月在上海，半个月在南京，一面执教于两校，一面推进着《田横五百士》的创作工作。虽然工作极其繁重，但徐悲鸿却愈发志气昂扬。

正当徐悲鸿以旺盛的精力，从事着教学和创作工作之时，蒋碧薇对他的不满也愈加强烈。一日清晨，徐悲鸿正准备搭乘早车去南京授课，却在出门之时被蒋碧薇拦了下来："你回上海半个月，几乎就没一天好好待在家里过，整日都在'南国学院'，你简直把'南国'当成了家，把家当成了旅馆！而且，你为什么要画那样题材的大画？你就不会画点轻松的东西，比如像现在一些时髦的画家一样，画点香蕉、苹果之类的静物画？"听完妻子这

田横五百士　油画　1928—1930年

番带有强烈质问语气的话，徐悲鸿虽很反感，但不想争吵的他选择了平静地向蒋碧薇解释他的工作性质和创作意图。站在他的角度，总是希望妻子能够理解他作为一名老师和画者的立场。

听完徐悲鸿的解释，蒋碧薇却更为气愤，她既不关心艺术，也没有像徐悲鸿一般崇高的爱国情操，作为妻子和母亲，她此时最希望的就是丈夫能够给予她和儿子更多的呵护与关爱。突然，她高声叫道："你现在画这样的画，是没有好处的！我知道，你肯定是受了田汉这帮共产党人的影响！"停顿了一下，她接着说道："我绝不能容忍你再跟田汉这帮人在一起！从今以后，你必须离开'南国'！"说罢便头也不回地冲了出去。徐悲鸿看了看表，也跟着走出了家门，匆忙赶赴车站。

蒋碧薇从家中跑到街上，雇了一辆汽车，一直开到了南国艺术学院门前。紧接着，她命人将徐悲鸿放置在学校画室里的所有书籍、字画和画具都搬到了车上运走。其时，田汉正带着"南国社"的同仁在外地演出，只有田汉的母亲亲眼目睹了蒋碧薇此举，老太太虽极力劝阻，却也无济于事。半个月后，徐悲鸿从南京回到上海，当他被告知了这一切时，他和蒋碧薇之间也爆发了自结婚以来最激烈的一次争吵。盛怒之下，蒋碧薇强逼徐悲鸿必须做出一个选择：要么离开"南国"，要么离婚。

这天晚上，徐悲鸿无心工作，夜不能眠。他在卧室里踱来踱去，心乱如麻：即便正如他在此前就预感到的那样，他和妻子在生活的道路上定会渐行渐远，但他也从未想过离婚。可是，离开"南国"，离开志同道合的朋友和他喜爱的学生，更是他万分不愿之事。一边是自己温暖的家庭，一边是自己热爱的"南国"，徐悲鸿根本无法取舍。

就在徐悲鸿踌躇不定、左右为难之时，田汉得知了此事。他十分理解徐悲鸿的处境，极力忍住眼泪宽慰徐悲鸿道："悲鸿，你不要为难了，就离开'南国'吧！我同情你，理解你，也不会责怪你。我相信我们的友谊是不会被割断的。"那些围在徐悲鸿身边的学生们，听到田汉这样说，也都默默地低下了头，原本他们都是来请求徐悲鸿回去教课的，但此时唯有悄悄地擦拭眼泪。最后，徐悲鸿紧紧地握着田汉的手，哽咽地说道："就算我暂时离开了'南国'，我也将继续支持你的工作……你说得对……我们的友谊永不会被割断……"

自从离开了"南国"，徐悲鸿终日郁郁寡欢，就像失去阵地的战士一样，没有"南国"的徐悲鸿也完全丧失了斗志。而此时，蒋碧薇却辉耀着胜利的光彩，她不仅力劝徐悲鸿接受颜文梁先生的邀请去苏州游览，想借苏州的秀丽美景来医治徐悲鸿内心的创伤，更提议全家移居南京，以便徐悲鸿可以继续在南京国立中央大学任职。

对于蒋碧薇的安排，徐悲鸿甚感不满。可每当想起蒋碧薇曾经勇敢地与他一起奔赴异国他乡，携手经历生活的坎坷与艰难；每当听到尚在襁褓中的婴儿的啼哭，看到孩子可爱的面庞：他的心就会软下来。事实上，他依旧从心底珍惜这段感情，也希望给出生刚几个月的幼儿一个完整的家。

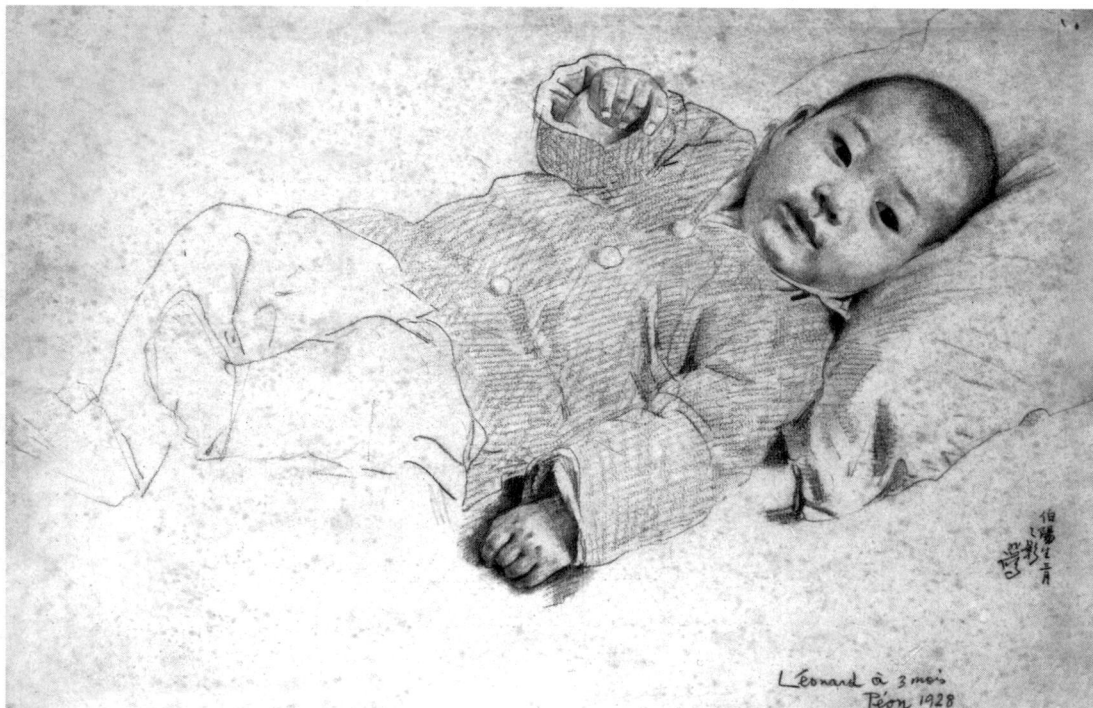

伯阳生三月　素描　1928年

因此，即便百般不愿，他仍然按照蒋碧薇的安排先去了苏州，随后带着全家迁居南京，搬进了位于丹凤街的中央大学宿舍。在这幢两层的旧式洋楼里，一共住了中央大学的四位教授。徐悲鸿分得四间房间，供他们夫妻二人，以及蒋碧薇的父母一同居住。此外，中央大学艺术系还在学校里为徐悲鸿准备了两间画室。

优厚的待遇，安定的生活，仍旧填补不了徐悲鸿心灵的空缺，他总是深深地怀念南国艺术学院，怀念曾经一起共事的战友们。如今，他犹如一匹离群之马，只可以无限伤感的诗句来表达自己的怅然若失："亦似鸳鸯宿上林，亦如骐骥失其群。人生甘苦每相反，顿觉年来左手驯。"

然而，徐悲鸿不得不接受的现实是"南国"丰富多彩的生活已经一去不返，而当下唯一能解除他烦恼的只有寄情于工作。于是，他每日清晨都准时到达中央大学，走进教室，在每一个学生的画架前驻足、观看、指导，有时还亲自动手修改。

在中央大学艺术系的教学工作中，徐悲鸿一面为学生们传道授业解惑，一面也总结出了自己多年学习与创作实践的经验。他主张"三宁三勿"，即宁方勿圆、宁拙勿巧、宁脏勿净。所谓"宁方勿圆"，如同任何一条弧线都是由若干条直线构成的一样，任何一个圆面也是由许多方块的面构成。绘画时，若要表现圆的充实感、体积感、重量感，则不能如相机成像般平滑，必须通过为数众多的方的面来表现。"宁拙勿巧"则强调按照步骤扎实地去画，虽显得笨拙且耗时，但终能达到"巧"的境界；反之，若一味求"巧"，画面就会不充实，趋于浮泛。"宁脏勿净"的道理亦是如此，画面干净固然好，但如果过度追求干净，就会丧失很多细节的表现力和感染力。

在绘画的细节上，徐悲鸿对学生有三点要求。首先，他十分强调明暗对比，一再叮嘱学生们在作画时找出所绘对象最亮的、次亮的、最暗的，以及次暗的点，在多点之间认真观察、详细比较，以突出画面的亮部、暗部、灰部与投影，并准确地抓住明暗交界线，方能让画面层次丰富、变化得当，也可使得所绘之物体积感更强。其次，他规定学生们进行严格的默写。通过大量的写生素描，在脑海里记住所绘之物的形象，从而练就扎实的默写功力，方能在绘画之时事半功倍。最后，他还要求学生们要做到创作时心中有数，在准确观察和描摹物象的基础之上准确造型，并分清轻重主次，适当取舍，通过概括、提炼赋予所画之物以艺术的灵性，使之比现实之形更加提高，达到落笔有神的境界。

除此之外，徐悲鸿也很注重因材施教。他根据每个学生的优缺点、不同的才能以及性格，来引导学生个体的发展，同时，也以极大的热情发现和扶植有才能的青年。当时，南国艺术学院的学生吴作人、刘艺斯、吕霞光等人均提出继续跟他学画的要求，他便想方设法把他们转到了中央大学做旁听生。就这样，日复一日，除了继续从事《田横五百士》的巨幅油画创作外，徐悲鸿将其余全部时间都毫无保留地用在了指导和培养学生上。而他那些科学的教育思想和有效的教学方法，也正是他为振兴中国美术事业倾注的心血的结晶。

繁重的教学与紧张的创作，填满了徐悲鸿的日常生活。转眼间，暑期将至。南京的天气如同火炉一般炙烤着徐悲鸿身上的每一寸肌肤，正当他在为如何度过暑假而发愁时，却意外收到了在福州担任教育厅长的黄孟圭先生的来信，邀请他去福州作画。于是，徐悲鸿在他的学生王临乙的陪同与照料下，在福州一边创作油画《蔡公时被难图》①《持剑钟馗》等画作，一边度过了一个相对轻松的夏天。值得一提的是，在这两个多月的福州之行中，徐悲鸿不但因为自愿不收取作画费用，而为他的两个学生吕斯百和王临乙争取到去法国公费留学的名额，而且也有幸和福建名画家陈子奋②先生成为好友，两人时常聚在一起谈画论道，使得徐悲鸿在双钩花卉方面获益良多。后来，陈子奋先生还专门为徐悲鸿刻了二十多方印章。

---

① 蔡公时（1881—1928），江西九江人，日本东京帝国大学毕业。早年加入同盟会。历任九江军政府交通司司长、保商局局长、国民政府山东交涉员等。1928年5月，在日军制造的"济南惨案"中惨遭杀害。蔡公时烈士的英雄行为深深感动着徐悲鸿。在油画《蔡公时被难图》中，徐悲鸿塑造了蔡公时烈士威武地站在日军面前，大义凛然，临危不惧，具有民族气节的光辉形象。这幅油画从完成起，便陈列在福建省教育厅。只是抗日战争爆发以后，此画就下落不明了。

② 陈子奋（1898—1976），生前曾任中国美术家协会福建分会副主席、福州美协主席、国画研究会理事长等职。精研国画篆刻，尤长花卉写生，其画深得陈洪绶与任伯年用笔之妙。著有《寿山石小志》《甲骨文集联》《籀文汇联》《古钱币文字类纂》等。

持剑钟馗　中国画　1928 年夏

　　实际上，钟馗是徐悲鸿在创作人物画时特别喜欢的题材。在每年端午
节前后，徐悲鸿一有空便会画一幅国画的钟馗。人物的神态和动态往往是
徐悲鸿着力表现的细节，而他笔下的钟馗非常写实，常给人以强烈的视觉
冲击力。

1928年9月，在蔡元培先生的举荐下，徐悲鸿接受了北平大学校长李石曾的聘书，担任该校艺术学院院长一职。刚刚从福州回到南京的徐悲鸿，立刻又只身赶赴北平。这一次北上，离他1918年离开北京，已有十个春秋。但十年过去，无论在政治上还是在学术上，北平的状况仍如十年前一样，黑暗、腐朽和落后，而北平艺术学院现今的办学风格与教学思维依然维持原状，老派、守旧与闭塞。

　　以复兴中国艺术为己任的徐悲鸿，不愿每个月只为稳稳当当地拿着五百元的院长薪金而随波逐流，而是冒着去职的风险，大胆地提出了革新主张：在美术教学方面，他强烈地贬斥复古主义者，以及毫无生气、陈陈相因的八股文人画。不但提倡师法造化，更号召将西方优秀技法与中国民族绘画优秀传统相结合，创造出新颖的、有真感、有生气的中国画；在用人唯贤方面，他力排众议，反对墨守成规。

　　当时，已年届六十七岁高龄的齐白石，在以模仿古人为能事的国画界，如同一枝奇花异卉，他的作品不仅传承了中国画凝练、简洁的写意之风，蕴藏着醇厚的中国民族特色，又不落古人窠臼，生机盎然、趣意流露。寥寥数笔却栩栩如生的虾蟹，青翠欲滴的荷叶，点水飞翔的蜻蜓，呱呱鸣叫的青蛙，意境幽深的山水……无一不让徐悲鸿欢欣赞叹。然而，这位老画家的境遇却有着和他作品截然不同的风格，清冷而孤立。

　　在西单跨车胡同十三号齐白石先生的住所里，三十四岁的徐悲鸿和六十七岁的齐白石竟一见如故。他们谈画论诗，谈文章论篆刻，各抒己见，志趣相投，大有相见恨晚之感。徐悲鸿非常推崇齐白石的画作，便提出聘请齐白石担任北平艺术学院国画教授一职，却遭到齐白石的婉言拒绝：因其年事已高不愿再多走动，又无教学经验恐无法胜任云云。

　　但徐悲鸿并未放弃，三度敦请，最终以诚意许下"我会一直在旁边陪着你上课。冬天，给你生只炉子，夏天，给你安一台电扇，不会使你感到不舒服"的承诺而打动了齐白石，使得老先生答应一试。

　　齐白石在课堂上并不系统地讲课，而是为学生们边作画边讲解，画完以后再与学生们漫谈，课堂气氛极其生动。这样的授课方式，不仅让学生们受益匪浅，齐白石自己亦是十分满意。而徐悲鸿信守对齐白石的承诺，不仅全程陪同，而且极力拥护他"不要死学死仿，我有我法，贵在自然……"的教学理念，这一切也使得齐白石先生感激不已。从此，两位画坛巨匠便结下了一段情深意长、终生不渝的忘年之谊。

20年代的北平艺术界，始终弥漫着一股顽固不化的风气。保守派在对待徐悲鸿提出的革新主张时，不但没有尝试接受，反而还极力反对与破坏，就连徐悲鸿聘请齐白石担任教授一事，竟也成为众矢之的。一时之间，流言蜚语，诽谤刁难，齐声俱发。处于孤掌难鸣之境的徐悲鸿深知，艺术复兴之路本就道阻且长，于是，考量再三之后，决定先离开北平，如此一来，风波才会平息。

南归前夕，徐悲鸿特意去辞别齐白石。当得知徐悲鸿即将离去，齐白石黯然神伤地画下一幅《月下寻归图》送给徐悲鸿。画面中立着一位长袍老人，扶杖而行，甚显寂寥。显然，这是齐白石的自写图，于画面上方，他还饱含深情地题了两首诗，回忆了徐悲鸿对自己的知遇之恩及二人的深厚情谊。一首言："草庐三顾不容辞，何况雕虫老画师。海上清风明月满，杖藜扶梦访徐熙①。"旁边附一行小字："悲鸿先生辞余出燕，余问南归何所？答：月满在上海，缺，在南京。"另一首言："一朝不见令人思，重聚陶然未有期。深信人间神鬼力，白皮松外暗风吹。"

1929年2月下旬，回到南京的徐悲鸿继续担任南京国立中央大学艺术系教授。但此时，徐悲鸿十分器重的学生吴作人，因接触了一些左派人物而遭到学校当局的驱逐。当焦急无助的吴作人向徐悲鸿求援时，一向爱才惜才的他决定让吴作人去欧洲留学，接受良好的绘画教育。

然而，吴作人幼年丧父，家里只能依靠孤母和长兄艰难地维持着生计，供他在国内上学已属不易，至于异国求学，更是出身贫寒的他从来都不敢奢望的事情。不过，在徐悲鸿与田汉的大力帮助下，吴作人不仅顺利赴欧，先后于巴黎和布鲁塞尔留学，并最终不负厚望，以第一名的优异成绩从比利时

---

① 徐熙（？—975），南唐著名画家，擅画花竹、林木、草虫、禽鱼，才气过人，世称神妙。齐白石先生借他的名字比喻徐悲鸿。

1929年，徐悲鸿在中央大学与"南国社"部分同人合影。自左至右：谢次彭（中大文学院院长）、俞珊、田汉、吴作人、蒋兆和、吕霞光、徐悲鸿、刘易斯

皇家美术学院毕业。回国后，他先后担任了中央大学艺术系教授，北京艺专教务长，中央美术学院院长、名誉院长等职务，并传承了徐悲鸿的艺术主张，为我国美术事业的发展尽心竭力了一生。可以说，徐悲鸿这一次的匡扶和帮助为吴作人的后续发展奠定了强大的基础，也为祖国培养出了一位伟大的艺术家和教育工作者。

是年4月，南京国民政府举办的第一届全国美术作品展览在上海开幕。这次展览盛况空前，全部展品共两千余件，包含国画、西画、雕塑及工艺美术作品等，还有外国作品参展。徐悲鸿发现这次展出出现了大量的形式主义油画作品，认为这样的展览与自己的艺术观念存在很大分歧，于是拒绝参加，并与当时著名的新月派诗人徐志摩先生展开了一场激烈的论战。

徐悲鸿向来推崇现实主义艺术，反对形式主义之风，他在由徐志摩主编的《美展会刊》第五期上发表的文章《惑》（致徐志摩的公开信）中提到："马奈（Manet）①之庸，勒奴幻（今译雷诺阿，Renoir）②之俗，塞尚（Cézanne）③之浮，马蒂斯（Matisse）④之劣……借卖画商人之操纵、宣传，亦能震撼一时……美术之尊严蔽蚀，俗尚竞趋时髦。"随后，徐志摩撰文《我也"惑"》予以回击，他认为徐悲鸿对于西方现代艺术的苛责过于严厉，且中国画家效仿亦是跟随艺术发展之潮流而已。其间，李毅士也发表了一篇名为《我不惑》的文章来表达对徐悲鸿的支持："我想，悲鸿先生的态度是真正艺术家的态度……然而塞尚和马梯斯的作品，我研究了二十多年的洋画，实在还有点不懂，假若说，我的儿子要学他们的画风，我简直要把他重重打一顿……"后来，徐悲鸿在《惑之不解》一文中再写道："我惟希望我亲爱之艺人，细心体会造物，精密观察之……我以青藤之同宗，来扳程朱面孔，无端致人厌恶，但处今日中国，实不能自已……我之穷困，当不亚于自来一切之艺人，但我终以为真理高于一切。"

当时，"二徐论战"不仅十分激烈，影响也颇大。但这场看似针锋相对、不留情面的论战实际上却恰恰是中国艺术界久违的一次友好、公平、率

---

① 爱德华·马奈（Edouard Manet，1832—1883），法国19世纪印象主义的奠基人之一。他从未参加过任何印象派的展览，但他具革新精神的艺术创作态度，却深深影响了莫奈、塞尚、凡·高等新兴画家，进而将印象派绘画带入现代主义的道路上。因受到日本浮世绘及西班牙画风的影响，马奈大胆采用鲜明色彩，舍弃传统绘画的中间色调，将绘画从追求三元次立体空间的传统束缚中解放出来，朝二元次的平面创作迈出革命性的一大步。其代表作品有《西班牙吉他演奏者》《福利·贝热尔的吧台》《草地上的午餐》等。

② 皮耶尔·奥古斯特·雷诺阿（Pierre Auguste Renoir，1841—1919），法国印象画派的著名画家、雕刻家。他的早期作品是典型的记录真实生活的印象派作品，然而到了19世纪80年代中期，转向人像画及肖像画，特别是在妇女肖像画中去发挥自己更加严谨和正规的绘画技法。其代表作品有《包厢》《红磨坊街的露天舞会》《游艇上的午餐》《爱尔·潘蒂埃夫人和孩子们的肖像》等。

③ 保罗·塞尚（Paul Cézanne，1839—1906），法国著名画家，后期印象派的三将，从19世纪末便被推崇为"新艺术之父"。塞尚重视色彩视觉的真实性，其"客观地"观察自然色彩的独特性大大区别于以往的"理智地"或"主观地"观察自然色彩的画家。其代表作品有《圣维克多山》《田园诗》《法黎耶肖像》《浴女们》《玩纸牌者》等。

④ 亨利·马蒂斯（Henri Matisse，1869—1954），法国著名画家、雕塑家、版画家，"野兽派"创始人和主要代表人物。莫奈对马蒂斯的影响很大，因此，他的作品以使用鲜明、大胆的色彩而著名。马蒂斯在晚年时期，通过彩色剪纸来试验色彩关系，使他的艺术达到极其简练、带有平面装饰性的效果。其代表作品有《豪华、宁静、欢乐》《生活的欢乐》《开着的窗户》《戴帽的妇人》等。

真的交流，它不仅一改以往美术界的沉闷空气，更驱使中国西画向着多元化的方向发展。而正是在这场公开的论战中，徐悲鸿的思想日趋成熟，不但愈发看清了形式主义美术的本质，也更加坚定了他现实主义的态度与画风。

是年深秋时节，徐悲鸿的女儿徐静斐①出生了。正当徐悲鸿迎来儿女双全、事业上升的大好时光之时，夫妻二人的矛盾却愈演愈烈，甚至到了任何一件小事都能激起轩然大波的程度。徐悲鸿对于艺术的至诚热爱，是蒋碧薇永远不能理解的，她坚信徐悲鸿的所思所想所爱唯有那所谓的艺术，她这位妻子，早就什么都不是了。而蒋碧薇的傲慢与脾气更是让徐悲鸿不能接受，他时常感到，那个在十多年前自己所钟爱的女子已经完全不存在了。每当此时，徐悲鸿唯有专注地投入创作与工作中，方可于夹缝中觅得一番宁静。

1930年，徐悲鸿终于完成了油画《田横五百士》的创作。这幅耗时两年多的巨幅作品，不仅人物数量众多、人物关系复杂，并且画面上的每个人物都有与之相应的原型。在创作过程中，徐悲鸿均先画素描稿，再将其画到画布上去。后来，徐悲鸿之女徐静斐回忆此画的创作背景时曾说："父亲作此画时，正是日寇入侵，许多人媚敌求荣之时，父亲意在通过田横故事，歌颂宁死不屈的精神，歌颂中国人民自古以来所尊崇的'富贵不能淫，威武不能屈'的品质，以激励广大人民抗击日寇。"因此，这幅《田横五百士》不仅代表了徐悲鸿在回国后的第一幅展现他赴欧所学的成果之作，更是在当时热衷于画山山水水、作花鸟虫鱼的中国美术界，披荆斩棘式地开创了一条关注社会民生的现实主义道路。

紧接着，徐悲鸿又马不停蹄地开始构思创作另一巨幅中国画《九方皋》。这是取材于《列子·说符篇》中的一个故事：春秋战国时期，善于相马的伯乐向秦穆公推荐九方皋去寻觅千里马。九方皋虽是个挑柴卖菜的苦力者，但伯乐认为他识马的本领不在自己之下。于是，九方皋奉秦穆公之命奔走各地寻马，耗时三个月终于觅得一匹良驹。这是一匹黑色的雄马，但九

---

① 徐静斐，原名徐丽丽（Lily），英文意思是百合花。后来，由于生母蒋碧薇与父亲徐悲鸿离婚，徐丽丽便时常有机会与继母廖静文待在一起，并从廖静文那里得到了许多关爱，为了表示对廖静文的敬爱之情，于是改名"静斐"。

方皋在向秦穆公禀报时却将它说成了一匹黄色的雌马。秦穆公自然大为不悦，对伯乐说："九方皋连马的雌雄颜色尚不能辨认，如何能识别马的好坏呢？"伯乐听后喟然叹息道："所观天机也，得其精而忘其粗，在其内而忘其外，见其所见，不见其所不见。"意为九方皋注重的不是马外在的皮毛、表象，而是马内在的精神、品质。待秦穆公令人骑上这匹马一试，果然是天下难得一见的好马。

徐悲鸿有感于这个动人的故事，不仅因为他目睹了当时社会大量人才被压抑埋没的现状，更是因为他切身感受到，在这样的环境中要提携、培养一个有才华的人是何等的艰难。这些现实都强烈地激发着徐悲鸿的创作欲望，他欲借九方皋的故事，呼吁社会给予真正的人才一个更为公平的机会：发掘、重视并培养他们。

在一边创作巨幅中国画《九方皋》的同时，徐悲鸿还创作了油画《诗人陈散原像》等新作，并在《良友》杂志发表了《悲鸿自述》，以自己的坎坷经历鼓舞有志青年。

时间在创作和教学的交替进行中转瞬即逝，1931年冬天，徐悲鸿完成了《九方皋》的创作。这幅宽三百五十一厘米、高一百三十八厘米的中国画栩栩如生地塑造了一位朴实的劳动者的形象。画面中，九方皋叉腰昂首站立，聚精会神地观察着眼前的那些马，眼神睿智而犀利，却也有一种成竹在胸的淡定从容。居于画面中央的黑色骏马双目炯炯有神，发出快乐的嘶鸣，扬起钢铁般的蹄子，似乎适逢知遇，跃跃欲试。而九方皋背后的两个人并不识马，却故作姿态，评头论足，反衬出了九方皋与骏马之间的人马传情。此画构图饱满宏大、主次分明，人物造型严谨生动、神形兼备，是一幅将西方学院派的写实绘画技巧与中国传统的骨法用笔的精妙结合之佳作。值得一提的是，《九方皋》中还有一处颇为精妙：徐悲鸿以往所作之马多为奔腾不羁、驰骋天地的野马，而此画中的黑马却例外地戴上了缰辔，略显拘束。当被问及为何有此画法的时候，徐悲鸿巧妙地答道："马和人一样，愿为知己者用，不愿为昏庸者制。"如此细节的设计，既画龙点睛式地表达了画作所传递的精神思想，也让人不由得敬佩起徐悲鸿的隐喻能力和巧思。

陈散原像　油画　1930年

散原前辈诗人　素描　1928年

陈散原像　素描　1930年

九方皋　中国画　1931年

1930年4月，徐悲鸿带领中央大学艺术系的学生们赴北平参观和写生，行程期间，徐悲鸿不断被一些民间艺术打动。途经天津时，他应邀前往南开大学讲演，并在讲演中诚挚而热烈地赞颂了中国民间艺术的瑰丽多姿。在众多的民间艺人当中，徐悲鸿对"泥人张"①的传奇尤感兴趣。之后，在南开大学校长张伯苓②先生的陪同下，徐悲鸿先后参观了严范孙③先生家中收藏的两座"泥人张"所塑泥像，以及"泥人张"的后代所创作的泥塑作品。

回到南京后，徐悲鸿仍对"泥人张"的事迹念念不忘，于是特意撰文《泥人张感言》，向大众介绍这位拥有可与世界著名艺术大师相提并论的高超技艺，却境遇平平、默默无闻的民间泥塑家。这篇文章在当时的艺术界犹如一声雷响，不仅为长期饱受压抑的民间艺术和民间艺人鸣不平，更是对那些于国难当前，却仍一味模仿古人、寄情山水的画家，以及唯知贪腐专营、置国家民族危亡于不顾的官僚达宦，给予了强有力的谴责。

除了"泥人张"，另一位让徐悲鸿念念不忘的艺术家便是齐白石先生。徐悲鸿南归后，两人书信往来不绝。齐白石每有佳作，必寄给徐悲鸿，徐悲鸿便按齐白石的笔单，寄予稿酬。其时，正是齐白石精力最旺盛、创作最成熟的时期，徐悲鸿购藏他的佳作亦极多。为了向更多的人介绍齐白石的画作与艺术成就，徐悲鸿还亲自编辑，亲自撰写序言，托付中华书局的舒新城先

---

① "泥人张"创始人为张明山（1826—1906），生于天津。小时家境贫寒，便跟父亲以捏泥人为业，养家糊口。张明山心灵手巧，富于想象，时常在集市上观察各行各业的人，他捏制出来的泥人个个逼真酷似，一时传为佳话。张明山继承传统的泥塑艺术，从绘画、戏曲、民间木版年画等艺术中吸取营养。经过数十年的辛勤努力，一生中创作了一万多件作品。他的艺术独具一格而蜚声四海，老百姓都喜爱他的作品，亲切地送给他一个昵称：泥人张。从此，"泥人张彩塑"便成为一种深得百姓喜爱的传统民间艺术品，经流传、发展至今已有180年的历史。

② 张伯苓（1876—1951），中国现代职业教育家，私立南开系列学校创办者，西方戏剧以及奥运会的最早倡导者，被誉为"中国奥运第一人"。张伯苓早年于美国留学，曾受教于美国教育家、哲学家杜威、桑代克等人。他把教育救国作为毕生信念，先后创办南开中学、南开大学、南开女中、南开小学和重庆南开中学，接办四川自贡蜀光中学，形成了著名的南开教育体系，为国家培养了大批人才，被尊为"中国现代教育的一位创造者"。

③ 严范孙（1860—1929），中国近代著名教育家、学者，与华世奎、赵元礼、孟广慧并称近代天津四大书法家。也是革新封建教育、推进教育现代化的先驱。他与张伯苓一起创办了南开系列学校，并被称为"南开校父"。

生正式出版了齐白石的第一部画集①，并将画集与稿酬一起寄给了齐白石。

暑假之时，徐悲鸿被邀请去南昌采风。一到目的地，当地报纸就报道了他的行踪。于是，络绎不绝的美术爱好者或者画家便带着自己的作品前来拜见徐悲鸿，希望能够得到大师的提点。在众多的来访者中，朴实的傅抱石②引起了徐悲鸿的注意。

这位画家此时的际遇与年轻时的徐悲鸿颇为相似，经历曲折，处境困窘，徐悲鸿仿佛在他的身上看到了自己的影子。同时，徐悲鸿也被傅抱石的勤学不辍和绘画才华打动，决定给予他大力的帮助。为了替傅抱石筹划前途，徐悲鸿特意前去拜访了江西省主席熊式辉先生。他不仅开门见山地向熊式辉举荐了傅抱石，称赞其为江西省的优秀人才，若大力培养，日后定能对中国美术事业做出不凡贡献，而且还将一幅他亲手所绘的裱好的奔马图派人送至熊府，并附信嘱托熊式辉公派傅抱石赴日本留学。于是，傅抱石在留学名额甚少、竞争激烈的情况下，顺利获得了出国深造的机会。而这一切，对他后来所取得的艺术成就，起到了至关重要的助推作用。

回程途中，每到一处，徐悲鸿均会照例游览当地的名胜古迹，这是他的习惯。在南昌"青云谱"道院，徐悲鸿意外发现了几座鬼斧神工的木雕像，便向周围人打听出处，得知全为民间艺术家范振华③所制。但因时间有限，徐悲鸿未能如愿与范振华进行谈论交流，于是，他只好带着此行中唯一的遗憾返回南京。之后，徐悲鸿在一篇文章中写道："若范君者，吾侦得其名耳，其名初未出于闾里，而国中所造中山像，必令大雕刊家为之，洋雕刊家为

---

① 即《齐白石画册》。

② 傅抱石（1904—1965），现代画家、美术教育家。早年留学日本，回国后，从事美术教育。1949年后曾任南京师范学院教授、江苏国画院院长、中国美术家协会副主席等职。他擅画山水，笔致放逸，气势豪放，尤擅作泉瀑雨雾之景。晚年多作大幅，气魄雄健，具有强烈的时代感。著有《中国古代绘画之研究》《中国绘画变迁史纲》等，代表作品有《观瀑图》《屈原》《江山如此多娇》《茅山雄姿》等。

③ 实际上，"范振华"不是一个人名，而是一个有着百年历史的民间艺术品牌，由江西范氏兄弟创立（范紫云、范景云、范庆云、范彩云、范伍云），除老二范景云未学艺外，四兄弟中尤以老三范庆云的成就和影响最大，而徐悲鸿在"青云谱"道院看到的几座雕塑也正是出自范庆云之手。范庆云（1880—1963），精通多种雕塑技法，熟悉许多材料（泥塑、木雕等），尤其是木雕，善于把雕塑与绘画图案融会，并创造出独特的风格。他早年曾为徐悲鸿雕过一条瘦骨嶙峋的水牛，而新中国成立后，他雕刻的牛则是分外强壮有力的，有人究其原因，他说："新社会人民生活提高了，自然牛也胖了。"

之。平心而论，吾所见者，未能加乎'青云谱'祖先堂木人也。虽然，倘江西人忽欲造孙中山先生之像，必不倩范振华为之，可断言也。噫嘻！"这篇声情并茂的文章，字里行间不仅流露出徐悲鸿对于范振华的极高赞赏，也有他为这样才华出众之人之无名境遇的唏嘘感叹。这既是因为徐悲鸿欣赏真正拥有才华且创作又接地气的民间艺人，也希望大众能够懂得欣赏民间艺人的技艺精髓。

频繁的外出，使徐悲鸿鲜于待在家中，这给了"天狗会"成员之一的张道藩与蒋碧薇许多单独相处的机会，而此时，张道藩已经成为中统特务头目。如同在巴黎留学期间，张道藩时常趁徐悲鸿不在家时去找蒋碧薇那样，每当徐悲鸿在中央艺术学院授课时，张道藩便会穿着笔挺的西装、喷着昂贵的舶来古龙水，洋洋自得地走进徐悲鸿的家门，将外面发生的所有事情绘声绘色地讲给蒋碧薇听。

一天晚上，徐悲鸿刚从学校回到家里，就迎来了带着满脸愠怒的蒋碧薇的质问："我今天才知道，你借着搞创作，画大幅作品，整天在中央大学，原来是心上有人。""你说什么？"徐悲鸿丈二和尚摸不着头脑了。"你以为我不知道，你有个女学生，名叫孙多慈的，是不是？""是。"徐悲鸿接着说道，"她现在是艺术系的旁听生。""她画得很好？""是的，而且她很聪明，在绘画上很有才能。"蒋碧薇突然扬起头，用严厉的目光逼视徐悲鸿："所以，你很爱她？""我很爱她的才华。"蒋碧薇眉头紧锁，徐悲鸿继续说道："你知道，我对所有聪明、努力的学生都是十分珍爱的。她的成绩很好，虽然学画的时间很短，但进步之快是罕见的。""哦，原来这一切都是真的。"蒋碧薇像是在对徐悲鸿，又像在对自己喃喃自语。"碧薇，你怎么了？到底发生什么了？"徐悲鸿抚慰说，"我们是曾经共过患难的夫妻，我怎么会离弃你，你千万不要多疑。"蒋碧薇发出一声冷笑，徐悲鸿立即补充道："至于孙多慈，我只是爱重她的才华而已，而且你很清楚，我的目的就是为国家培植艺术人才。"蒋碧薇依旧表情凝重，目光呆滞。"事实上，我对她和对所有的男学生是一样的。再不然，你就把她当成是一个男学生好了。"可是，任凭徐悲鸿怎样解释、安慰，蒋碧薇都充耳不闻，冷漠相对。于是，这个原本就已经不和谐的家庭又掺进了新的矛盾，夫妻二人的关系也因张道藩口中这位"有问题的女学生"而更加紧张。徐悲鸿不禁苦恼万分，如果说，他和蒋碧薇之间的不一致，在从前只是使其二人在生活的道路上渐行渐远的导火索，而如今，却已逐渐成为徐悲鸿在复兴美术这条困难重重的道路上的最大障碍。

尽管如此，将培育年轻人才作为复兴美术第一步的徐悲鸿仍努力克服一切困难，以极大的毅力与热情投身于教学和创作工作中。功夫不负有心人，他的努力也很快有了回报。暑假临近之时，徐悲鸿得知一个重大喜讯：他三年前力荐的两位学生，吕斯百和王临乙，均以非常优异的成绩从里昂国立美专毕业，并考入巴黎国立高等美术学院继续深造。在法国留学期间，遵照徐悲鸿的建议，吕斯百选择了油画学习，王临乙则主攻雕塑，两人勤工俭学，十分刻苦。后来，学成归国，吕斯百成为著名油画家，曾长期担任中央大学艺术系教授兼系主任。王临乙也成为著名雕塑家，长期担任国立艺专教授、中央美术学院教授和雕塑系教授。作为他们的老师，徐悲鸿自是非常欣慰，而两人接过恩师的衣钵，在后期也为我国培养了不少优秀的美术人才。

作为我国赴欧留学的第一位画家，徐悲鸿深知接受正规严格的专业教育、不断开阔眼界与心胸对于一位艺术工作者的重要性。因此，徐悲鸿在自己学成归国的初期并非着力为自己的前途谋划，而是投入了大量精力去培养年轻人才，而此时，徐悲鸿也才过而立之年不久。在这军阀混战的时代，即便他在推行自己美术教育思想与主张的过程中屡屡受挫，但他依然不忘初心，坚持不懈地致力于培养一批基础扎实、反映现实的年轻画家。桃李不言，下自成蹊，作为一位年轻的"伯乐"，徐悲鸿于短短五年时间，便培养出不少杰出的学生，也帮助了像齐白石、傅抱石这样被埋没的大画家，这一切均是他为我国美术事业复兴而取得的累累硕果。

第六章 ＼ 披荆斩棘复兴时

1931年，是我国国难极其深重的一年。日本帝国主义发动"九一八"事变，大举入侵东北三省，这是日本帝国主义长期以来推行对外扩张政策的必然结果，也是企图将中国变为其独占殖民地而采取的重要一步。

　　由于蒋介石下令面对日军"绝不抵抗"，以致数十万东北军在兵临城下之际竟一枪未放，直接将东北一百余万平方公里的大好河山拱手送给了日本侵略军。国民党这种一面向帝国主义屈膝投降，一面镇压人民群众的卖国行为，强烈地震动了中国社会，引起了全民的悲愤之情，人民自发的抗日救国运动亦很快兴起。

　　面对国破家亡的惨状，严酷悲凉的现实，一向心系国家前途命运的徐悲鸿更是抑制不住内心的愤怒，他决定拿起画笔，创作一批针砭时弊的作品，以此为人民控诉，为国家呐喊。

　　怀着满腔义愤，徐悲鸿开始构思巨幅油画《徯我后》。《徯我后》取材于《书经》，描写的是夏朝君王桀，政治统治残暴，生活荒淫无度，民心尽丧，老百姓怨声载道。商汤带兵去讨伐暴君，受苦的老百姓殷切地盼望大军来解救他们，并纷纷说道："徯我后，后来其苏。"即为"等待我们贤明君主的到来，他来了，我们就有救了"。

徐悲鸿在构思此画时曾数易其稿，最终耗时两年才完成。画幅高二百二十六点五厘米、宽三百一十五点五厘米，画中共有十六个人物，无论男女老少，每个均有真人般大小。画面描绘了一群穷苦百姓在翘首遥望远方的场景：大地干裂，树木干枯，庄稼焦萎，瘦弱的黑牛精疲力竭地低垂着头舔舐土地。而百姓们的眼里燃烧着焦灼的期待，如同久旱欲逢甘霖。现今保存于徐悲鸿纪念馆里的此画的素描画稿上，还有"吊民伐罪"的旗帜，如此细节不仅表现了徐悲鸿当时对国民党政府卖国求荣之行为的强烈谴责，也表达了他对于身陷水深火热处境之人民群众的深深悲悯。

国难当头之时，徐悲鸿的家庭矛盾也在持续加深。蒋碧薇的吵闹与质问时常使得徐悲鸿痛苦不堪，他已无心再作任何辩解，尤其是对于他和女学生孙多慈的关系以及他为何坚持创作大幅现实主义题材的作品等问题。在这"国难"与"家难"的双重打击之下，唯一能使徐悲鸿内心平静的仍旧只有工作。每当他走进教室，看到眼神中闪烁着纯净光芒的学生，一切忧郁和痛苦都会消失得无影无踪；只要他拿起调色板，挥动画笔，便会立即进入另一个世界，而那些个人的苦恼和不幸，便如同天边的云彩，已随风飘得很远很远了。

这一年，是徐悲鸿的高产年，他不但完成了巨幅油画《九方皋》，还创作了一批像油画《自画像》《小眠》《日长如小年》《霸王别姬》（草图）、《叔梁纥》（草图）、国画《牧童与牛》《松、石、猫》《为谁张目》《墨竹》等为后人津津乐道的作品。

其中，《牧童与牛》是徐悲鸿此阶段最真实的内心写照。画面以草地、水牛、儿童为主，描绘的是宁静平和的江南水乡生活。水牛粗糙的皮肤由大笔浓墨刻画，孩童细嫩的皮肤则用双勾加淡色渲染，二者产生了强烈的对比，使画面更显精彩丰富。

事实上，徐悲鸿对牛这一动物有着深厚的情感。在他很小的时候，家里只有几亩瓜田，却无耕牛，只有在他替邻居放牛耕作时，才可借牛一用，而那段来之不易的牧牛时光也成为他童年最美好的回忆。抗战期间，徐悲鸿目睹人民的水深火热与颠沛流离，不禁想起自己平和宁静的童年。有感而发之

牧童与牛　中国画　1931年

余，便欲借这牧童与牛之场景来表达对和平生活的渴望与憧憬。

　　时间如白驹过隙，转眼间，已来到1932年的秋天。9月，徐悲鸿与颜文梁[①]一同在南京举行了联合画展，轰动一时，被业界称为"艺坛盛事"。10月，他与中华书局合作出版了由他自编的《悲鸿画集》，也获得了广泛的关注。

　　为了更大范围地推广自己的美术教学理念，徐悲鸿开始编辑撰写《画范》一书。此书不仅集纳了中外美术佳作供教学参考借鉴，并且于其中的一个章节——《新七法》中，徐悲鸿提出了一套关于绘画创作、习作的基本法则：一是位置得宜，二是比例准确，三是黑白分明，四是动作或姿态天然，五是轻重和谐，六是性格毕现，七是传神阿睹。这也是徐悲鸿对自己数年绘画经验与心得的一次毫无保留的总结与分享。

　　教学之外，徐悲鸿仍然继续孜孜不倦地扶持新人，尽心竭力地为他们谋划人生，其中备受徐悲鸿器重的是在雕刻方面颇有天赋的滑田友。徐悲鸿不

---

　　①　颜文梁（1893—1988），著名画家，美术教育家。早年创办苏州美术专科学校，之后留学法国巴黎，与徐悲鸿同校。1932年回国，主持苏州美术专科学校的教学，之后，担任中央美术学院华东分院副院长，出版有《颜文梁画集》《油画小辑》《欧游小品》及水彩画集《苏杭风景》等，著有《美术用透视学》《色彩琐谈》等。

仅慧眼识人，并给予了这位年轻艺术家有针对性的引导，之后，滑田友果真成为著名的雕塑家，并致力于教育事业，曾担任中央美术学院雕塑系教授，总结并撰写出富有创造意义的中国雕塑教学理论。

创作方面，徐悲鸿完成了中国画《雄鸡一声天下白》《沉吟》、油画《月夜》等作品，并且饱含热情地继续《徯我后》的创作。祖国的命运时刻牵引着他的心，他自己仿佛也置身于画中，同画面上那些穷苦的百姓一样，翘首期盼着有人来将其解救。

此时，国内不仅政局翻腾，文艺圈亦生波澜。11月，文人曾今可[①]于《新时代》发表的《刘海粟[②]欧游作品展览会·序》中说道："国内名画家如徐悲鸿、林风眠[③]……都是他（刘海粟）的学生。"阅及此处，徐悲鸿大为不满，认为这与事实不符，有言过其实之嫌，于是，他立即在《申报》刊登《徐悲鸿启事》，称"不识刘某亦此野鸡学校中人否"。几日之后，刘海粟在《申报》上也刊登了一篇《刘海粟启事》，讽刺徐悲鸿"惟彼日以'艺术绅士'，故其艺沦于'官学派'而不能自拔"。对于刘海粟的启事，徐悲鸿再登启事反击，这次启事见报后，刘海粟再无法辩驳，但徐悲鸿和刘海粟长达二十年的恩怨也由此开始。

年末，在钱昌照、吴稚晖、郭有守、段锡朋等好友的资助下，徐悲鸿带着全家由居住了四年的南京丹凤街迁入了傅厚岗的一栋洋楼。这栋带院落的两层洋楼精巧而别致，室内客厅、餐厅、卧室、浴室、卫生间等一应俱全，院中种了两棵高大的白杨树，为新居平添了几分生机和趣味。最合徐悲鸿心意的是，新家之中有了一个独立宽敞的画室，在画室的墙上，他挂了一幅取

---

① 曾今可（1901—1971），名国珍，笔名君荷、金凯荷。1931年，在上海创办新时代书局，并主编《新时代》月刊。除了用语不准确而引起徐悲鸿和刘海粟之间的笔战之外，1933年，他在《新时代》月刊提倡"解放词"，宣扬"莫谈国事观点"的言论，也在文坛引起较大反响，并遭到鲁迅撰文批评，而二人因此开始了一段有趣的笔战。

② 刘海粟（1896—1994），现代杰出画家、美术教育家。1912年，他与乌始光等创办上海图画美术院，后改名上海美术专科学校，任校长。本书第二章有提及，徐悲鸿第二次赴上海之时，就是在上海美术专科学校学习西画，后来因不认同刘海粟等人的教学理念而离开了学校，返回了家乡。

③ 林风眠（1900—1991），中国画家、美术教育家，国立艺术学院（后改名杭州艺术专科学校）首任院长。其代表作品有《春晴》《江畔》《仕女》等。

自《泰山经·石峪金刚经》集联的字，上书："独持偏见，一意孤行。"

其时，国家与民族正处于深重的苦难之中，虽逢乔迁之喜，但徐悲鸿仍不忘国难之悲，将这所新居命名为"危巢"，取"不忘国耻，居安思危"之意。徐悲鸿此举之原因正如他之后在《危巢小记》中所写："古人有居安思危之训，抑于灾难丧乱之际，卧薪尝胆之秋，敢忘其危，是取名之义也。"接着，他还在《危巢小记》里作了一个极为深刻的比喻："黄山之松生危崖之上，营养不足，而生命力极强，与风霜战，奇态百出。好事者命石工凿之，置于庭园，长垣缭绕，灌溉以时，曲者日伸，瘦者日肥，奇态尽失，与

1932 年，徐悲鸿迁入南京傅厚岗六号新居，鉴于当时国难深重，徐悲鸿为其新居取名"危巢"

常松等。悲鸿有居，毋乃类是。"借此警醒自己切勿贪图个人之舒逸，而罔顾国家之兴衰。

然而，徐悲鸿此举不但未得到妻子蒋碧薇的支持，反而深感不悦。为了布置这样一处新居，蒋碧薇从买地皮、购料到监工、装饰，费心竭力、亲力亲为。如今，徐悲鸿却为新居取名为"危巢"，使蒋碧薇大有扫兴之感。于是，夫妻二人因取名之事又大吵一架，虽然双方均未让步，但此时，布置新居的喜悦与忙碌使得蒋碧薇已无暇再起争执，同时，徐悲鸿早已在这种充满分歧和争吵的生活中习惯了沉默，而保持沉默，成为他和蒋碧薇如今唯一的相处方式。

蒋碧薇似乎在打理新居的过程中重新找到了生活的乐趣。因深深怀念那段旅欧的时光，她将新居布置成了欧式风格，并在院落中种上了如茵的草皮、繁盛的花木，梅竹扶疏，桃柳掩映。草地上的遮阳伞下还放着一张白色的小圆桌和几把藤椅，无论室内还是室外，均呈现出一派浓浓的法式情调，让人仿佛置身于国外。

天气晴好之时，蒋碧薇就会邀请三五友人前来聚会、品茗，这种友人在家小聚、谈天说地的氛围深得她的喜爱。但徐悲鸿却更喜家中清静以便于创作，而且，与这种精致的生活相比，他偏爱的是简单朴实的生活。他曾多次想去街边的小摊上，一面品尝地道小吃，一面倾听那些善良的劳动者们的直率谈话，但因蒋碧薇坚持认为此举是在自贬身份，三番五次进行阻止，最终，徐悲鸿为避免争执而选择了放弃。

"九一八"事变后，中国在国

20世纪30年代，徐悲鸿摄于南京

际上的地位一落千丈。国运衰微，民众悲戚，一种不可推卸的责任感驱使着徐悲鸿希望为祖国做一些实事。作为一名画家，他认为通过艺术，让更多国外友人了解中国文化的魅力是最为行之有效的方法。恰巧此时，法国国立外国美术馆来函邀请徐悲鸿赴法举办中国画展，于是，在完成了巨制油画《徯我后》的创作后，徐悲鸿便开始了赴欧洲宣传中国文化的筹备工作。

1933年1月，徐悲鸿携中国近代绘画各个流派的数百幅作品启程前往巴黎。在这些画作之中，有徐悲鸿自

20世纪30年代徐悲鸿重返母校巴黎国立高等美术学校并留影

己的作品与藏品，也有当时中国许多著名画家的作品，其中一部分购自画家本人，另一部分则是从私人藏家那里暂借而来的。

这次欧洲之行，除蒋碧薇外，滑田友也陪伴同行。当轮船穿越太平洋、大西洋，停靠在欧洲大陆的那一刻，十四年前赴欧留学那一幕幕欣喜而艰辛的场景，在徐悲鸿的脑海里闪过。下船后，徐悲鸿特意去了他无比怀念的卢浮宫、凯旋门、母校巴黎国立高等美术学校以及达仰的画室，虽然所到之处均已物是人非，但徐悲鸿仍感觉似与挚友久别重逢，不禁潸然泪下。

紧接着，徐悲鸿便马不停蹄地投入了画展的筹备工作。为了鼓励、鞭策当时正在法国留学的王临乙、吕斯百，徐悲鸿在画展开幕前专程去看望了他们，并且认真翻阅、评点了他们的习作。当他发现吕斯百所作的一幅静物画

习作，变形厉害、笔触肆意，当即便提出了严厉的批评。尽管他知道当时的巴黎正风行形式主义新派绘画，学生跟风模仿也实属无可厚非，但他仍旧告诫这位优秀的学生应立足于现实生活，切勿跟随一时之流行而舍弃真实，日后才能为复兴中国美术事业作出贡献。自此以后，徐老师的教诲一直引领着这两位学生的方向，他们再没有跟风作画，并将现实主义风格作为自己终生坚持的原则。

1933年5月10日，中国近代绘画展在巴黎正式开幕，法国教育部部长、外交部部长及各界知名人士三千余人前来观展与道贺。画展期间，展览目录印至第三版，当地报纸杂志发表赞誉评论达两百余篇，观众达三万人以上。除了法国当地的报纸杂志，英国、西班牙、美洲等地亦有数篇文章介绍与报道此次画展，可谓是近代中国画展在西方传播最广泛、影响最深远的一次。展览结束后，法国政府还购藏了十五幅，包括徐悲鸿、齐白石、张大千、高奇

1933 年，徐悲鸿在巴黎举办近代中国画展

20世纪30年代，徐悲鸿（中）在欧洲举办中国近代绘画展览时在会场接待观众

峰、王一亭、经子渊、陈树人、汪亚尘、吕凤子、张书、郑曼青等人的中国画作品，并在国立外国美术馆开辟了专室陈列。这一切，让一心希望宣传中国文化的徐悲鸿深感慰藉。

同年6月，徐悲鸿应邀前往比利时举办个人画展，他的作品不仅受到当地民众的热烈赞颂，甚至连比利时皇后也饶有兴致地亲临观展。不久，徐悲鸿又接受了意大利的邀请，赴米兰举办了中国近代绘画展。展览期间，意大利全国报刊一致赞扬了画展所体现的中国绘画艺术的精湛技艺和伟大成就，更有评论说道："这是继马可·波罗之后，中意文化交流的又一个高峰。"由于反响空前热烈，画展的盛况还被拍成了电影，在意大利全国放映。

AUSSTELLUNG
CHINESISCHER MALEREI

ZUSAMMENGESTELLT DURCH
PROFESSOR JU PÉON

VOM 4. BIS 18. MÄRZ 1934
IM STÄDELSCHEN KUNSTINSTITUT

VERANSTALTET VOM CHINA-INSTITUT
AN DER J.W.GOETHE-UNIVERSITÄT IN FRANKFURT A.M.

SINICA JG. IX. 1934

1934年，徐悲鸿在法兰克福举办"中国绘画展"时的目录封面

1934年，德国柏林美术会为徐悲鸿举
行个人画展，徐悲鸿（左一）正观看画展

紧接着，德国柏林美术会也向徐悲鸿发来了邀请，而徐悲鸿在柏林的个人画展同样获得了巨大成功。当地五六十家报纸、杂志纷纷发表了赞誉文章，还特别设立专栏对徐悲鸿以及他的作品进行介绍与评论。一时之间，赞美之声不绝于耳，均对其推崇备至。

　　离开柏林后，徐悲鸿又立即赶往法兰克福举办画展。法兰克福市政府举行公宴表示欢迎，宴会的开幕式亦十分隆重，并由当时的法兰克福大学校长亲自主持。展览持续了两周时间，观众络绎不绝，闭幕之时，仍有许多观众要求延期，足见画展影响之大、效果之好。

　　此后，意大利罗马、英国、莫斯科也相继邀请徐悲鸿前去办展。由于三方举办画展的时间非常接近，均为1934年5月1日前后，徐悲鸿只可选择其一。反复掂量之后，徐悲鸿决定"舍近求远"，转赴莫斯科。关于这个决定，在他后来撰写的《中国近代美术》一文中交代了原因："悲鸿之意，苏联为首先取消对我国不平等条约之国家……大革命后厉行建设，久欲访问其邦而不得，此乃极好机会。"虽然行程十分辗转，需乘火车经瑞士先到达意大利北部的港口热那亚，再从热那亚乘轮船向东航行前往苏联，但徐悲鸿仍旧认为苏联之行定是最为恰当的选择。

　　轮船经过希腊雅典时，徐悲鸿上岸游览了帕特农神庙遗迹。十四年前，他曾在大英博物院观赏过帕特农神庙的残垣浮雕，并为之震撼，希望有朝一日能亲临现场，一睹奇迹。如今，置身于这个文化与美术的圣地，虽然庙顶已然坍塌，雕像荡然无存，浮雕剥蚀严重，但从厚重的基座与巍然屹立的大理石柱廊中，依然可以感受到神庙昔日的气宇非凡、光彩照人。

　　在徘徊凭吊中，徐悲鸿仿佛回到了两千多年前的古希腊，那些令人叹服的艺术便从那时兴起，那些伟大的学者，索克拉特、柏拉图、亚里士多德、菲狄亚斯、米隆等，在那时就闪耀出的智慧光芒，一直传承至今。虽然，行程的变更给徐悲鸿的路线安排带来不少麻烦，但也因此让他圆了年轻时的一个梦，更使他感到不虚此行。

　　辗转抵达莫斯科后，徐悲鸿立即开始筹备画展。苏联对外文化协会十分重视此次画展，特派专人协助一切布置和准备工作，徐悲鸿亦轻松许多。5月1日，中国近代绘画展览在莫斯科红场历史博物馆开幕，盛况空前。苏联对外

1934 年 5 月，徐悲鸿（前排右一）在莫斯科红场历史博物馆举行"中国绘画展"时与苏联友人的合影

文化协会会长阿诺舍夫（Aroseff）首先致欢迎辞，他追溯了中国与苏联人民的友好往来，希望通过此次画展，中苏两国可在文化上彼此加深了解与认识。随后，徐悲鸿致答谢辞，他一方面感谢苏联的盛情招待，一方面也期望两国今后可进一步加强文化交流与互动。

开幕后，画展受到了苏联民众的热烈欢迎，正如徐悲鸿在1936年的《在全欧宣传中国美术之经过》一文中所记载："开幕后，参观者之踊跃为各处所不能比拟，有重来五六次者。尚有一可注意之事，即在他国画展中，参观者多半是知识分子，而在苏联，除知识分子外，大半是工人农民。彼等伫立凝视，在一幅幅画前探索玩味，苟遇我在，必寻根究底，攀问各画内容。彼等对美术兴趣之浓厚，不但中国工人所不及，虽各国之时髦绅士亦难比拟……彼等认为自大革命以来，这是最有兴趣、最大规模之外国展览。"

展览期间，徐悲鸿应邀到苏联美术协会、美术院校等处进行了多次演讲，并与苏联著名画家涅斯切洛夫（Nesteroff）、版画家克拉甫钦科（Krafchenka）等交换了作品。最值得一提的是，徐悲鸿还与苏联著名雕刻家梅尔库洛夫（Merkyloff）结下了深厚友谊。梅尔库洛夫不仅邀请徐悲鸿到自己家中做客，并赠予他亲手制作的列宁面模和托尔斯泰面模。这两个面模虽是石膏所制，但表面染以铜绿色，竟有着铜雕的金属质感，令徐悲鸿爱不释手。

　　莫斯科展览完毕后，列宁格勒又发来邀请，于是，徐悲鸿立即前往列宁格勒，在全苏联最大的隐居博物院（Hermitage Museum）续展。这是俄国沙皇的冬宫，规模宏大，冬宫前广场可容纳十万余人。为了展现中国文化的博大精深，馆藏的中国古铜器、陶器、瓷器、琢玉、象牙、雕刻、漆器等也与绘画作品一同展出，吸引了无数观众前来观展。

1934年徐悲鸿在列宁格勒冬宫举办"中国绘画展"

1934年徐悲鸿在列宁格勒

画展举行之时，正值列宁格勒夏至前后。在那一个月内，终夜明朗，无需灯火，气象学上称之为"白夜"现象。于是，在无尽的黄昏之中，徐悲鸿时常徜徉于风光旖旎的涅瓦河畔，一面感受微风的轻拂，一面思索中国美术的未来，在如诗如画的风景里，度过了一段短暂而愉快的日子。

访问与参观之余，徐悲鸿只要一有空，便会到列宁格勒当地的古董店和画店，购藏那些心仪的作品，然而，这又使蒋碧薇感到不愉快。争执之中，蒋碧薇强行夺走了徐悲鸿手中的三千卢布，这是中国驻莫斯科代办吴南如先生赠予徐悲鸿在办展期间作零用之钱，徐悲鸿原本打算将它用于购买一尊精美绝伦的人物雕塑，不料最终却被蒋碧薇花在了一套纯银镀金的西餐餐具上。当这位强势的妻子带着胜利的喜悦将"战利品"放入行李箱时，她未曾注意到自己身后的丈夫，此刻，她的丈夫心在滴血，那难以名状的痛苦吞噬了他的全身，他唯一能感受到的只有陌生和绝望。

展览闭幕后，隐居博物馆挑选了十二幅中国画留存以供苏联美术界同仁观摩，徐悲鸿则将齐白石、张大千、陈树人、王一亭等中国现代名家的十五幅作品赠送给了莫斯科现代美术馆，以促进两国文化交流。离开列宁格勒之前，徐悲鸿还结识了苏联著名汉学家亚列塞耶夫与著名画家李洛夫（Rylof），文化大家之间的惺惺相惜和深刻交流使得徐悲鸿暂时将生活中的烦忧抛诸脑后。之后，徐悲鸿又收到了来自基辅的邀请，但因出国日久，心系国内的学生，于是他婉言谢绝了办展的邀请，取道海参崴，转乘一艘日本客轮，踏上了回国的旅途。

1934年8月，徐悲鸿回到上海，结束了历时一年零八个月的赴欧办展之旅。这次出国办展虽未得到政府任何的资助，却依旧是一次极为愉快和成功的经历。徐悲鸿载誉而归，不仅将珍贵的列宁和托尔斯泰的面模，以及西方现实主义大师们的诸多美术复制品带回了祖国，同时也将俄罗斯现实主义绘画艺术介绍给了中国的艺术界和民众。在徐悲鸿带回的这一批作品中，列宾（Repin）[1]的《伏尔加河上的纤夫》《不期而至》《札波罗热哥萨克人给苏丹王写信》《伊凡杀子》，苏里科夫（Surikov）[2]的《近卫军临刑的早晨》《女贵族莫洛卓娃》均为"俄罗斯巡回展览画派"[3]的代表作，并受到徐悲鸿的热烈推崇。因此，徐悲鸿亦成为将俄罗斯巡回展览画派介绍给中国的第一人。

之后，徐悲鸿在《在全欧宣传中国美术之经过》一文中总结道："吾此次出国举行中国画展，曾在法、比、德、意、苏展览七次，成立四处'中国近代美术展览室'于各大博物院及大学，总计因诸展而赞扬中国文化之文章杂志达两万万份。吾于展览会一切接洽，在内在外，绝对未用政府名义。"

---

① 伊里亚·叶菲莫维奇·列宾（Ilya Yafimovich Repin，1844—1930），俄国画家，"巡回展览画派"代表人物之一。一生创作了大量的历史画、风俗画和肖像画，表现了人民的贫穷苦难及对美好生活的渴望。其代表作品有《伏尔加河上的纤夫》《宣传者被捕》《不期而至》《托尔斯泰》等。

② 瓦西里·苏里科夫（Vasili Surikov，1848—1916），俄国画家，"巡回展览画派"代表人物之一。其画作善于取材于俄罗斯历史事件，表现人民在历史进程中的作用。其代表作品有《近卫军临刑的早晨》《缅希科夫在列廖佐夫》《攻陷雪城》《女贵族莫洛卓娃》等。

③ 19世纪60年代的俄国，因为民主运动高涨，一批有才华的美术学院学生与只允许画神话和《圣经》题材的传统画派相决裂，退出了美术学院，并单独组织了"自由画家协会"，研究现实主义绘画艺术。1870年，"自由画家协会"改组为"巡回展览派画家协会"，此画派的画家主张艺术要有思想性，并提倡绘画艺术应展现现实生活。60至80年代俄国最著名的画家大多属于这一画派，他们的绘画不但讽刺俄国统治阶级，表现城乡贫民的苦难生活，并且传奇性地创造了一批为争取新生活而斗争的革命者形象。此画派的代表人物有伊凡·尼古拉耶维奇·克拉姆斯柯依、希什金、瓦连京·谢洛夫、维克多·瓦斯涅佐夫等。

但对于国内外美术事业发展的巨大差别，他亦痛心疾首："我又忆及一最感动之事，俄国人屡次问我：贵国有多少美术馆？如此有悠久历史之文明古国，美术馆之设备定比我们无产国家好。我诚非常痛苦，只得含糊作答。苏联美术馆之宏大，设备之精美，绝不亚于英、法、德、意诸邦，且觉过之。而我中国可怜，民众所需之美术馆，国家从未措意，惟有岁糜巨款，说办文化事业。白日见鬼，连一个美术馆也没有。"

1935年，南京和上海分别举办了盛大的苏联版画展览，徐悲鸿为展览会撰写序言时提到："艺术是一个民族生活的反映和民族思想的表征……世界各民族之间互相尊重和互相友好的感情应当从文化交流开始。"实际上，这次文化交流的机会也正是由于徐悲鸿从中穿针引线：在他离开苏联前，曾建议苏联美术家赴中国办展，而这个建议便是促成此次展览会成功举办的重要原因。

自此，徐悲鸿在国际画坛上的地位又更上一层楼。然而，对他来说，重要的绝不是声名，而是能为搭建中外文化交流的桥梁做出一些卓有成效的实事，这才是真正令徐悲鸿感到欣慰与喜悦之事。

不久之后，徐悲鸿却接二连三地收到坏消息。先是对他有知遇之恩的岭南画派代表人物高奇峰先生因病去世，徐悲鸿缅怀往事，不禁潸然泪下。于是，他在1935年出版的高奇峰遗画第一辑中题写了"发扬真艺，领导画坛"八个大字，赞扬高奇峰先生的功绩。紧接着，挚友田汉突然被国民党政府逮捕，并被押解到南京的消息也让徐悲鸿的内心震动不已，焦急万分。他不仅第一时间赶往田汉家里，探望了田汉的母亲、妻子林维中和孩子，并且在此后近半年的时间里，一直为营救田汉而四处奔走，最后，终于在7月盛夏之时，由他和宗白华一起出面，将田汉保释出狱。

此次入狱不但没有动摇田汉的革命热情，反而更坚定了他献身中国进步戏剧事业的决心。于是，他开始积极筹组话剧团体，准备上演一些反映现实生活、"为中国民族独立、自由而战"的戏剧。经过几个月的筹备工作，由田汉主持的中国舞台协会于1935年11月正式成立。当时，许多文艺界人士都前来道贺，包括洪深、张曙①、马彦祥②、白杨③、舒绣文④、魏鹤龄⑤、吴茵⑥、吴作人等悉数到场。

话剧团体第一次公演的两个剧目《械斗》和《回春曲》，在社会各界引起极大的反响。而田汉为《械斗》所写的主题歌更是激情澎湃，震动人心："同胞们！快停止私斗，来雪我们中华民族的公仇！快停止一切私斗！来雪我们中华民族的公仇！"此主题歌不仅旋律激昂，歌词亦充满号召力，呼吁强敌当前，国共两党应停止互斗，共同对抗日寇。徐悲鸿观之深深震动，随即撰文为田汉鼓气加油，并表达了他对抗日救亡文化运动的强烈支持："垂死之病夫，偏有强烈之呼吸，消沉之民族里，乃有田汉之呼声，其音猛烈雄壮，闻其节调，当知此人之必不死，此民族之必不亡。"

办展归国后的这一年多时间里，徐悲鸿不仅在事业上取得了较高成就，在创作上也未曾停滞过。值得一提的是，在这一时期的作品中，徐悲鸿将"托物言志"与"借景抒情"发挥得淋漓尽致，而他旷古烁今的现实主义绘画风格也已逐渐建立成型。

"托兴"方面，徐悲鸿先后创作出了《新生命活跃起来》《鸭子》《白松》《虎与兔》《墨猪》《鱼鹰》等作品用以直抒胸臆，发泄心中的郁结。

---

① 张曙（1908—1938），革命音乐家。早年为"南国社"成员，后期与聂耳、任光等组织了左翼音乐团体"苏联之友社"音乐小组，致力于研究中国歌曲创作的发展道路，并积极投入社会上的革命音乐活动，组织了许多歌咏和戏剧的演出，向大众传播进步思想。1938年12月24日，日军空袭桂林，张曙和爱女在日本飞机的轰炸中不幸遇难，年仅30岁。

② 马彦祥（1907—1988），中国戏剧导演、戏剧活动家、理论家。1928年毕业于上海复旦大学，随即从事进步戏剧活动。中期于南京国立戏剧学校任教，并与田汉等人筹组中国舞台协会，以及与曹禺等人创办半职业剧团中国戏剧学会。后期，全面致力于戏曲改革工作，并著有多本戏剧理论专著。其戏剧导演代表作有《武则天》《逼上梁山》《女店主》《汉宫秋》等。

③ 白杨（1920—1996），中国电影、戏剧表演艺术家。著有表演艺术专著《电影表演技艺漫笔》《电影表演探索》及诗文集《落入满天霞》。其影视代表作有《十字街头》《一江春水向东流》《祝福》《冬梅》等。

④ 舒绣文（1915—1969），中国话剧、电影表演艺术家，中国第一位女配音演员。舒绣文早在30年代初就参加中国共产党领导的"五月花剧社""春秋剧社"等团体，从事进步戏剧活动。其代表作有电影《一江春水向东流》等。

⑤ 魏鹤龄（1907—1979），中国著名演员，电影代表作品有《马路天使》《乌鸦与麻雀》《祝福》《家》等。

⑥ 吴茵(1909—1991)，中国著名电影演员。在她几十年的电影生涯中，饰演过中国社会各个阶层、各种类型的中老年妇女形象，其电影代表作品有《一江春水向东流》《万家灯火》《苏州夜话》《青年中国》等。

白松　中国画　1935年

虎与兔　中国画　1935年

乙亥岁始迪生弟以白名菖前名牡雏命我字之需字以家徽不余家全失库藏匿中华余遗失岁晚偶检日之急字

鱼鹰　中国画　1935 年

　　画面中，四只鱼鹰望向远方，动态精准，神态各异。徐悲鸿以几笔浅赭勾画出随风飘动的苇草，周围环境以净墨写成，再略加较浓的墨点，凸显土地嶙峋不平的质感。画面笔墨淋漓、生动雅致，鱼鹰的神情与体积准确得当，可见徐悲鸿这一时期对动物的捕捉与造型能力之高。

新生命活跃起来　中国画　1934年

　　尤其在中国画《新生命活跃起来》里，徐悲鸿以饱满的笔墨画出一只跃起的雄狮，跨越于群山之间。粗犷的线条，一气呵成的状态，加之以淡赭黄色染写背景，使得整幅作品不仅流露出画家的忧怀，更寄托了他渴望中华民族振奋精神，打击侵略者的强烈愿望。

"寄情"方面，徐悲鸿辗转游历了国内多地，一面领略湖光山色之美，一面乘旅途之兴而创作。1934年10月，徐悲鸿带领学生去杭州天目山写生作画，创作了油画《天目山风景》、中国画《天目山老殿》等作品。而这一年，也是徐悲鸿颇为高产的一年，《鸡鸣寺道中》《焦山鸟瞰》《桂林风景》等油画佳作相继问世。

焦山鸟瞰　油画　1934年

风景鸡鸣寺　素描　1931年

素描

鸡鸣寺道中　油画　1934年

《鸡鸣寺道中》是徐悲鸿根据他在1931年完成的一幅描绘通往鸡鸣寺[①]道中之景物的素描稿创作而成。在其素描稿中，鸡鸣寺阳光明媚，道路曲折多起伏，面对繁复的景物，徐悲鸿取精用宏，言简意赅，凝练概括达到极致。而在这幅鸡鸣寺的风景油画中，徐悲鸿则重在表现层次与光感的交响。在石阶小道的引导下，景物由近及远，层次分明。前景阳光普照，中景色彩浓重，远景深邃虚幻。阳光从树缝间照射下来，于地面形成迷人的光影，树干、墙壁、屋顶上的阳光，与浓重的树荫形成强烈对比。画面上色中有色，光中有光，变化丰富，引人入胜，使得《鸡鸣寺道中》成为这一时期的代表作。

　　此外，另一幅《桂林风景》也不得不提。此作是徐悲鸿以油画刮刀代替画笔在画布上"挥写"出的桂林山水。画面近景中的河岸和水面有中国写意画皴擦和晕染之感，而远景中的山峦和天空又有中国青绿山水设色的特点。

桂林风景　油画　1934年

① 江苏省最古老的梵刹之一，位于南京鸡笼山东麓。

彩霞　油画　1935年

油画刀的"刀痕"蕴含着中国画的审美情趣，是徐悲鸿将中西技艺相结合的一次崭新的尝试，充满生机。

1935年4月，徐悲鸿带领学生去黄山写生，当他登上险峻的天都绝顶时，被眼前壮丽之景深深震撼，并创作出《彩霞》《黄山》等油画作品。6月上旬，徐悲鸿抵达四川并游览了峨眉山和青城山。峨眉天下秀，青城天下幽，两座名山给他留下了极其美好的印象，其间，徐悲鸿创作出了中国画《惟石石岩岩》。之后，徐悲鸿南下赴广西，相继游览了梧州、南宁、桂林、阳朔等地，创作了中国画《漓江野渡》《桄榔树》等作品。但无论地点与风景如何改变，徐悲鸿的风景画始终都透露着他忧国忧民的情思，情深义重亦跃然于纸，让观者为之感动。

年末，上海大众出版社编辑并出版了《徐悲鸿画选集》，收录了徐悲鸿的六幅油画，使他的作品得以在更大的范围内传播，并受到了更多的社会关注。

时至1936年，上海中华书局印行《张大千画集》，徐悲鸿毫不犹豫地答应为好友作序。他以《五百年来第一人》为题，并在序言中极为诚恳地写道："大千以天纵之才，遍览中土名山大川，其风雨晦暝，或晴开佚荡，此中樵夫隐士，长松古桧，竹篱茅舍，或崇楼杰阁，皆与大千以微解，入大千之胸。"之后，徐悲鸿邀请张大千任南京国立中央大学艺术系教授，张大千欣然答允，在中央大学授课一年之久。

徐悲鸿在艺术道路上越走越顺，但生活的道路却越发不尽如人意。在张道藩不断地煽风点火之下，蒋碧薇与徐悲鸿的家庭矛盾日益激化。她不仅严厉批评徐悲鸿拒绝为国民党委员长蒋介石画像是不识时务之举，而且极力反对徐悲鸿与田汉等共产党员来往。除此之外，关于徐悲鸿和中央大学艺术系的女学生孙多慈之间的关系，蒋碧薇更是屡屡提及并借此争吵不止。徐悲鸿十分欣赏孙多慈的才华，一直着力培养、资助她，并欲公派其出国留学，因此关于他与孙多慈互相倾慕的传言亦甚嚣尘上。作为妻子，蒋碧薇对此自然非常不满，怒火中烧的她曾经冲到徐悲鸿的画室想探明究竟，不料迎面就看到一张孙多慈的画像，这让她很受伤。自此，她不仅在学校多次向孙多慈说出侮辱性与打击性的话语，并想方设法取消了孙多慈的留学机会。

徐悲鸿深知无法制止妻子的行为，更无法消除她的疑虑，一时之间竟迟疑无措起来。孙多慈见老师进退维谷，处境为难，压抑住长期以来所受的伤害和内心的痛楚，主动中断了学业，并匆促离开了南京中央大学，回到家乡安庆女子中学任教。

紧接着，徐悲鸿与蒋碧薇两人的争吵更加激烈。一日，徐悲鸿终于忍无可忍，离家而去。随后，他选择去留法同学、化学家沈宜甲先生家里暂避一阵。在老同学的劝慰下，徐悲鸿的心情逐渐平复下来。那天晚上，他突然感到头脑昏沉、浑身无力。次日就诊，医生诊断出他有高血压的倾向，并且肾脏摄护腺也有慢性炎症。医生叮嘱他，这属于积劳成疾，需要充分的休息。当然，徐悲鸿自己也渴望得到片刻安宁，但家不能回，又不能一直在老同学家住下去，因此，他决定于一个星期后离开南京去往广西——一来可寻一处清净之地休养身体，二来可于山水甲天下的桂林继续写生作画。

孙多慈像　油画　1936年

　　此作品是徐悲鸿最广为流传的一幅孙多慈肖像画。画中的女士坐在一张古朴而造型别致的老式躺椅上，她一只手扶住椅子把手，另一只手做半握状放在被衣服下摆遮盖的大腿上，头部面向观者。人物姿态优雅自然，刻画细腻，人物神态更显安详，朴实中透露出聪慧的光芒。画面背景结构经过徐悲鸿深思熟虑的设计，不仅精心摆放了徐悲鸿从欧洲带回的几座雕像，更于画面左方放置了一个插满中国传统轴画的瓷瓶，显露出画家融会中西的思想。背景颜色处理得暗而模糊，对前景的人物起到了很好的衬托作用，使孙多慈的形象更显明亮清晰。

大自然的风光永远是徐悲鸿最好的精神慰藉，当桂林的绿水、青山、奇石、轻舟映入眼帘，徐悲鸿顿觉心情舒逸，很快就沉浸在创作的热情中。他用笔轻快、松秀，在水墨淋漓的山水之间营造出迷蒙清幽的气息，苍茫秀丽，有别于明清以来程式化的山水画风格，显得别开生面，充满生活意趣。

1936年6月1日，广西、广东两省爆发了要求抗日的"六一运动"。国民党中央西南执行部和国民政府西南政务委员会通电全国，电文写道："连日报载，日人侵我愈亟，一面作大规模之走私，一面增兵平津，经济侵略、武力侵略同时并进。瞻念前途，殷忧曷极……今日已届生死关头，惟抵抗足以图存，除全国一致奋起与敌作殊死战外，则民族别无出路……呜呼！九一八之创伤未复，一·二八之血腥犹存，辽、吉、黑、热四省之同胞，陷于敌人铁蹄之下，已逾五载，今平津又将继之矣。国家之土地先民所遗留，亦民族所托命，举以资敌，宁异自杀。"电文敦请国民党中央和国民政府立即对日抗战，并吁请全国党政军民一致督促抗日。当时，"六一运动"震动全国，西南将领数十人立即通电表示拥护，愿"为国家雪频年屈辱之耻，为民族争一线生存之机"，这让正在桂林潜心作画的徐悲鸿也深受鼓舞。

然而，形势却向着电文敦请的反方向发展。6月5日，当两广组成抗日救国军西南联军欲出兵湖南之时，蒋介石竟急调军力控制了衡阳，阻止粤、桂两军北上，随后又调动四十五万大军从广东、湖南、贵州三面进逼广西。此举使得广西当局异常愤激，立即将省防军由十四个团扩编为四十四个团，预备与中央军决战。剑拔弩张、形势危急之时，许多人选择暂逃广西，但徐悲鸿却不顾个人安危，坚决表示留在桂林，与广西军民一致抗日。对于徐悲鸿不怕牺牲，振奋民族精神的态度，广西军政领导李宗仁、白崇禧、黄旭初等人十分敬重，给予了他很高的礼遇。

战事如弓在弦，一触即发。身在南京的蒋碧薇听闻此消息，亦不禁担心起丈夫的安危。但她了解徐悲鸿的性格，知道他在大义面前会不顾个人安危，于是，她决定冒险去广西亲自劝说徐悲鸿返回南京。当时，由于战事紧张，交通不便，蒋碧薇只能由上海先乘轮船赴香港，再经广州、三水、梧州三地到达广西省会南宁。为了节约时间，尽快抵达，炎炎盛夏，蒋碧薇马不停蹄，一路奔波，颇为辛劳。

徐悲鸿接到蒋碧薇将到达南宁的电报后，十分感动，往日里种种的矛盾与争执仿佛因这份夫妻情意而转瞬即逝，徐悲鸿立即启程奔赴南宁与蒋碧薇相聚。一路上，无限感激和欣喜似乎重新唤起了徐悲鸿心中对美好家庭生活的向往，他热切期盼与妻子重归于好，自此以后和睦相处。然而，当两人见面后，却再次回到原状，那种不和谐的气氛仍旧弥漫在他们之间，挥之不去。虽然徐悲鸿表示，妻子千里迢迢而来，本应与她一同回去。可是，广西此刻被数十万中央军包围，情况危急，更应得到全国人民的支持，如若自己此时离开，实属背信弃义之举。而蒋碧薇却坚持认为李宗仁、白崇禧等人的抗日之举等同造反，乃是强盗行径，而徐悲鸿"不负天下人，却唯独负她"的决定更使得她心生委屈。夫妻两人"话不投机半句多"，只能各自沉默。之后，徐悲鸿陪同蒋碧薇游览了漓江，在桂林和阳朔逗留，但彼此心情落寞。几日后，徐悲鸿在南宁机场送走了蒋碧薇，自己则独自留在了南宁。

在南宁，徐悲鸿又重新开始投入创作。他先后画了《风雨思君子》《晨曲》《古柏》《逆风》等国画，以寄托自己的忧国忧民之情。其中，《晨曲》描绘了许多只小麻雀栖息在纵横交错却光秃秃的枝头之上，叽叽喳喳地鸣叫的场景，画面右上题字"丙子，春不至"，既道出了人民对春天的渴望，也表达了徐悲鸿对祖国现状的哀思；另一幅《逆风》则用粗犷雄健的笔法表现狂风中的芦苇，用纤细而挺拔的笔触描绘振翅疾飞的小鸟，刚中带柔，以柔克刚，对比鲜明，表达了人民群众不惧风险、奋起抗战的爱国精神。除了

晨曲　中国画　1936年

以画明志，徐悲鸿还情绪激愤地撰写了一篇斥责国民党政府贪污腐败、抗日不力、卖国求荣的文章，发表在广西的报纸上。无疑，这次正义的呼声引来了一些别有用心之人的攻击，同时也引起了国民党当局的注意，以致这年9月，当国民党中央决定撤回包围广西的各路大军，寻求和平解决方案，蒋桂对峙局面趋于缓和之时，徐悲鸿依然无法离开。他的几位朋友均从南京来信，好心劝他切勿急于回南京。

逆风　中国画　1936年

　　无奈之下，徐悲鸿只好又回到了桂林，放舟于漓江之上。很快，徐悲鸿就同当地百姓打成一片，过起了水上人家的生活。他时常与船上的人家一边吃着简单的饭菜，一边听他们讲辛劳漂泊的江上故事。此时，漓江不仅是他的安身之所，更是他艺术创作的灵感源泉。水上人家简单温暖的生活深深感染着徐悲鸿，在船上的时光，他创作了国画《船夫》，以浓烈夺目之红叶作为前景，以飘渺优美之山水作为后景，一切自然之景均反衬出人物的力与美，也更为真实地反映了船夫的艰辛劳动与生活境遇，让人大为惊叹。

船夫　中国画　1936 年

　　徐悲鸿用现实主义手法，通过对船上晾晒的衣物、饮水器具的描绘，如实地反映出漓江船夫的真实生活。画家用中国画的材质和笔法来表现人物强健的裸体，更是该作品的艺术价值所在。

与此同时，中央大学艺术系的学生们强烈要求学校出面请徐悲鸿回南京授课，几经波折，徐悲鸿终于回到了南京，又开始了他辛勤培养美术人才的工作。徐悲鸿对学生们一如既往地严格要求，不仅提醒他们重视基础，更督促他们勤加练习，不久之后，便培养出了像冯谷兰和问德宁这样优秀又不失个人特色的学生。

1936年12月12日，张学良和杨虎城在西安发动了"兵谏"，力劝蒋介石"停止内战，一致抗日"，史称"西安事变"。事变爆发后，蒋介石被迫改变了"攘外必先安内"的既定国策，并接受与共产党联合抗日的要求，而此次事变的和平解决也成为由国内战争走向抗日民族战争的转折点。

转眼，1937年春已至，徐悲鸿携带他的作品赴长沙、广州、香港等地举办个人画展，积极宣传抗日。在长沙，由于观展人数太多，竟导致展厅楼板坍塌，幸而无人员受伤。即便如此，却也丝毫未影响到当地居民观展的热情和积极性。

在广州，徐悲鸿亲自看望了一批为新兴的中国版画事业而努力奋斗的青年，并鼓励他们继续创作，永不倦怠。在这批年轻的革命文艺战士中，其中之一，便是日后的书画艺术大师、"新徽派版画"主要创始人赖少其①先生。

在广州停留期间，徐悲鸿还创作了一幅以唐代书法家怀素为主角的国画。怀素自幼出家，苦习书法，专攻狂草，有《自叙帖》存世。他在院内广植芭蕉，以蕉叶代纸练字，兴到之时，运笔如狂风骤雨，变幻莫测，而又法度严谨。徐悲鸿选择的正是怀素专心致志在石上铺蕉叶练字的情景。衬景中，巨大的芭蕉叶分数组潇洒垂下，恣意舒展，使环境氛围与人物完美地融为一体，意境深远，让人回味。

在香港，经许地山夫妇介绍，徐悲鸿欣喜地从一位德籍夫人手中以重金购回了中国人物画瑰宝《八十七神仙卷》。这是一部唐代白描人物手绢，绢底呈深褐色，作者不详。画面以道教故事为题材，纯粹地以线条表现出

---

① 赖少其（1915—2000），中国当代著名书画艺术大师。擅长版画、国画、书法，他独创的"以白压黑"技法，使其成为新徽派版画的主要创始人。作为一名杰出的革命文艺战士，他一直活跃在文艺第一线。在晚年重病期间，他仍顽强地与疾病抗争，坚持写字作画，为艺术生命不息、奋斗不止。

怀素　中国画　1937年

八十七位神仙脚踏祥云、御风而行的宏大场景：神将开道、玉队；头上有背光的帝君居中；其他神仙持幡旗、伞盖、贡品、乐器等，簇拥着帝君从右至左浩荡行进。帝君、神仙形象端庄，神将威风凛凛，仙女轻盈秀丽。此图笔墨遒劲洒脱，线条极富生命张力，令观者顿生虔敬之心。全幅作品未着任何色彩，却有着强烈的渲染效果。徐悲鸿向来十分推崇我国传统的线条白描技法，因此，在取得这幅《八十七神仙卷》后，自是爱不释手，终日反复端详，认为此画"非唐代高手不能为"，并真正达到了"线条必须综合渲染作用，方为尽其能事"的最高境界。之后，徐悲鸿在画上加盖了"悲鸿生命"的印章，并将其小心翼翼地珍藏起来。

　　长沙、广州、香港三地的个人画展全部结束后，徐悲鸿由香港转赴桂林。在这个曾伴他度过了一段漂泊岁月的地方，徐悲鸿思绪万千。回想这数年，为了振兴中国美术事业，自己一直在一条艰难的道路上摸索着前进，不断培养新人，不断推广中国艺术，竭尽全力做着所有力所能及之实事，从未倦怠过、停滞过。如今，国难当头，民不聊生，作为一名画家、一位老师，或者说一个普通的有血有肉的中国人，仅仅只为艺术作贡献是远远不够的。因此，徐悲鸿又肩负起了一项重大的责任，他要求自己创作出更多关于抗日救国的作品——用艺术为人民请愿，用画笔为正义呐喊，为革命的胜利尽一份绵薄之力。

　　怀揣着强烈的爱国主义理想，他在桂林创作出了著名水墨画《漓江春雨》。有别于明清以来程式化的山水画，此作品不仅显示出徐悲鸿不俗的书法修养和凝练的笔墨功力，更传递出清新舒畅的生活气息和积极向上的入世精神，激发着广大民众在国难当头之际对祖国山河的眷念、对美好生活的憧憬。

　　复兴之路仍在继续，而徐悲鸿的艺术似乎从此时起，已开始为人民做起了真真切切的指引，帮助他们在通往革命胜利的道路上披荆斩棘。

漓江春雨　中国画　1937 年

　　在《漓江春雨》中，水墨淋漓的山水间仍带有明显的素描式光影效果，徐悲鸿用笔轻快、松秀，既保留了传统笔法的提按顿挫的节奏感、韵律感，也最大限度地发挥了国画用纸和用水的特点。整幅作品极其注重烘染气氛，意在营造空间中迷蒙清幽的气息，更使所绘之景充满了浓郁的生活气息和灵动之美。

女人体　油画　1930年代

　　徐悲鸿在这幅名为《女人体》的人体习作中，使用了群青和普蓝的轮廓线，暖色的皮肤边缘与之相碰，便产生了丰富的紫色和绿色。这两种色调被画家运用在肖像和人体上，既突出了人体白皙的肤色，更使得画面光彩动人。

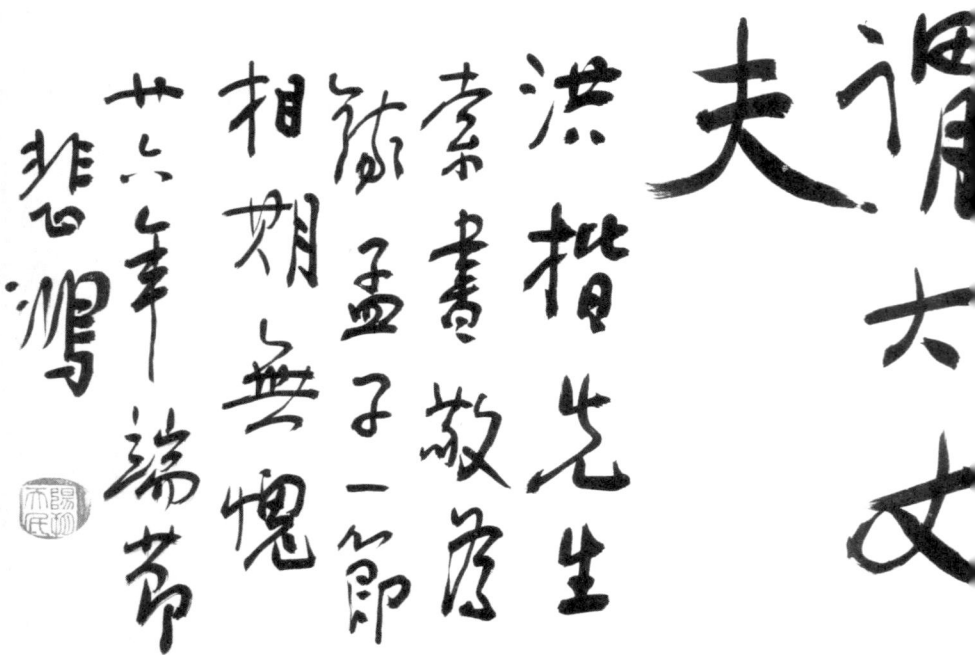

行书作品　1937年

　　徐悲鸿早年受康有为的影响，在书法上崇尚碑学。此书法作品运笔以中锋为主，线条雄强劲健，既有北碑外拓方整的风骨，又有沉稳飘逸的自家面貌，足见徐悲鸿此时在书法方面的修养匪浅。

湖畔　油画　1935年

这幅《湖畔》的特别之处在于：从女人体的用光来看，应是徐悲鸿在画室内对着模特儿写生而成，两个裸女，一坐一立，姿态闲适。而月光、河流、草地的背景，则是想象中的景色。画家将现实与想象组合，加上较为粗放的笔触及明亮的色彩，使画面具有浪漫主义色彩，体现了徐悲鸿比较少有的风格。

第七章 ＼ 卢沟桥畔烽烟起

1937年7月7日，卢沟桥附近炮声不断，这不仅标志着日本帝国主义发动全面侵华战争的开始，也是中华民族进行全面抗战的起点。8月13日，日军大举进攻上海，威逼南京。正在桂林的徐悲鸿立即赶回南京，打算将全家老小接往桂林避难，不料却遭到蒋碧薇的强烈反对。她坚决表示，宁愿留在南京也绝不去桂林，如果必须离开的话，也只愿去重庆。大局当前，徐悲鸿不愿再起任何家庭风波，便留下一笔路费给蒋碧薇，自己又匆忙返回了广西。

　　不久，中央大学由南京迁址重庆，学生们纷纷要求徐悲鸿回校授课。10月，徐悲鸿回到了中央大学继续任教。刚刚迁到重庆的中央大学，校舍简陋，物资匮乏，徐悲鸿便带领学生们就地取材，没有油画笔就用猪鬃做，没有油画颜料就找油漆工厂做。他一面为筹集教学材料奔忙，一面鼓励学生们克服时艰、振作起来。除了课堂习作，他还教学生们结合时局绘制宣传画，为抗战贡献自己一份力量。

此时，蒋碧薇也已在重庆安顿下来，家中时常高朋满座。然而，夫妻二人依然争吵不断，情感的间隙亦越来越大。如果说，两人在以前的争执中，偶尔还带着关切和感情，那么，如今剩下的却只有冷漠和憎恨了。一日，因对一件小事的看法大相径庭，蒋碧薇竟对徐悲鸿出言不逊，恶语相加，无法忍受的徐悲鸿只好又一次默默地离开了家，自此，他再也没回来过。

与蒋碧薇分居后，徐悲鸿住进了中央大学的单身宿舍，过起了孑然一身的生活。在忙碌的教学与创作工作中，家庭破碎的落寞感也渐渐被冲淡了些。

11月，日军占领上海。12月，南京失守，武汉亦岌岌可危。不愿做亡国奴的同胞纷纷逃离至后方，扶老携幼，苦不堪言。国家的多难动荡、民众的流离失所，无时无刻不触动着徐悲鸿那颗敏感的心。从这个时期开始，他的作品创作及寓意也愈发深刻，愈发同民族的命运、祖国的安危紧密连在一起。

首先，为了表达对淞沪抗战勇士们的敬意，徐悲鸿绘出国画《壮烈之回忆》，并在画面右上角题字："廿六年一月二十八日，距壮烈之民族斗争又五年矣，抚今追昔，曷胜感叹。"画面中，昂首啼鸣的雄鸡以及生机盎然的向日葵，均象征了全国人民对光明未来的渴求与期盼。

接着，他又创作了气势雄健、意境深邃的国画《风雨鸡鸣》。画面中，一只红冠大公鸡站于险峻的石尖之上仰天啼鸣，峭石旁竹子丛立，四周风雨如晦，欲近晓天。画左的题字出自《诗经·风雨》："风雨如晦，鸡鸣不已。既见君子，云胡不喜。"整幅作品既表现了国人奋起抗战的傲然正气，也透露着民众期盼光明到来的急切心情。

后来，一幅名为《秋风》的水墨画更道出了徐悲鸿在此阶段的心境。几株高大的芦苇占据了几乎整个画面，芦花微微向左倾斜，似在风中摇曳。画面的左下角，几只白色的水禽无精打采地站在水中，蜷缩着它们的身体。简练的笔墨和精心的构图，既传达出秋风中水边的萧疏景象，也表达了徐悲鸿的忧思情绪。

壮烈之回忆　中国画　1937年

风雨鸡鸣　中国画　1937年

秋风 中国画 1937年

转眼，1938年已至，除了每日照例去中央大学艺术系教课之外，徐悲鸿坚持用手中的画笔描绘现实生活，同时表现他对国家命运的深沉思索和对劳动人民的无限同情。所见所闻，皆化为他创作的激情和动力。

除夕这天，辞旧迎新的鞭炮声在山城各处此起彼伏，徐悲鸿却沿着冷寂无人的嘉陵江畔踽踽独行。夜色渐浓，冷风来袭，突然，一个身背竹篓、衣衫褴褛、佝偻着腰的妇人向徐悲鸿走来。近观之下，她的眼里尽显疲态，双目更是因饥寒交迫而流露出绝望的神情。这样一个在阖家团聚之时却独自外出辛苦讨生活的老妇人，引起了徐悲鸿强烈的同情和怜悯。他急忙将衣袋中所有的钱掏出，塞进了妇人的手中。面对突如其来的恩惠，妇人有些不知所措，半晌才缓过神来。随后，她向徐悲鸿深深地鞠躬道谢，然后拄着手中的拐杖，蹒跚地走开了。

此情此景，让徐悲鸿念起了远在沦陷区杳无音信的母亲和弟妹，想起了二十多年前在黄浦江边那个可怕的夜晚。如今，他已经四十二

丁丑
除夕
写巴
之贫
妇
照悲鸿

静文
爱妻
保存

岁，但眼前的社会依旧动荡不安，国家依旧山河破碎。一时之间，徐悲鸿心中五味杂陈，百感交集，他加快步伐跑回到宿舍，迫不及待地展纸挥毫，默画下了那个妇人。最后，在画的右上角，他慨然题字："丁丑除夕，为巴之贫妇写照。"而这一幅在寒冷之夜完成的画作，便是日后成为他代表作之一的《巴之贫妇》。

望着这幅国画，徐悲鸿想到了自己初到重庆时的场景。那时，他刚抵达重庆，便被眼前这座依山而构、临江而筑的城市吸引。城内坡峭路陡，房屋重叠错落，山与城融为一体，使人震撼。后来，他住在沙坪坝，时常会看见一行行汉子双肩担着被水桶压弯的扁担，迈着吃力的步伐在百丈石阶梯之间上上下下。念及此处，徐悲鸿突然萌发了新的创作灵感，他希望用画笔将巴人这份生活的艰辛与坚忍描绘出来。于是，在历经长时间的观察及绘制了多幅草稿图后，他完成了著名国画《巴人汲水》的创作。

这幅画长二百九十五厘米、宽六十三点五厘米，颇显细高，长画幅使得嘉陵江畔那百丈石阶的险峻在画面上呼之欲出。徐悲鸿将巴人传统汲水的日常场面，分解为舀水、让路、登高前行三个部分，并由七个健劲有力的人物来演绎这繁重劳作的三个场景。在画面右侧，徐悲鸿还题写了

巴人汲水　中国画　1937年

一首七言律诗："忍看巴人惯担挑，汲登百丈路迢迢。盘中粒粒皆辛苦，辛苦还添血汗熬。"这幅画作不仅真实还原了当时民众阶层的生存景象，而它所体现出的现实性更使得它成为徐悲鸿最具人民性和时代精神的四大代表作之一，博得后世盛誉。

除此之外，徐悲鸿还创作了《负伤之狮》《光岩》《象鼻山》《钟馗》等画作，可以说，在重庆的这段时期是徐悲鸿艺术生涯的重要时期，也是他思想日趋成熟、技艺日趋完美的过渡期。

负伤之狮　中国画　1938 年

　　在此作品中，徐悲鸿满怀悲愤，画此负伤雄狮，用浪漫主义表现手法抒发情怀。雄狮回首翘望，双目怒视远方，虽负伤，仍保持昂扬斗志，体现了中华民族自尊自强的精神。

钟馗 中国画 1938年

渐渐地，当初家庭破碎带来的忧郁烦恼已在不知不觉中被抛诸脑后，此时唯一能让徐悲鸿费心思索的是如何在举国维艰的时刻尽自己的一份力量。于是，他决定赴新加坡举行画展，既为了替那些痛失家园的同胞们筹集救济善款，也为了向当地华侨和外国人大力宣传抗战。

为了避免敌机的狂轰滥炸，徐悲鸿在来重庆之前便将自己的全部作品存放在了广西桂林的七星岩岩洞内。由于需要携带其中一部分作品去新加坡展览，徐悲鸿再次回到桂林。他一面整理画作以备出国展览，一面在广西省中学美术教师讲习班授课。这个讲习班为期一个月，会聚了广西全省八十余位美术教师。徐悲鸿极为认真地讲课，引导学生欣赏他带来的大量艺术珍品，指导学生画人体、练素描，并对这一批投身美术教育事业的年轻教师们寄予了厚望。

抗战以来，徐悲鸿虽忧国忧家，心绪纷扰，个人生活亦不尽如人意，形单影只，但在桂林的这段短暂停留时期却极为高产，创作出了一批极为珍贵的抒发爱国情怀的作品，如《麻雀芭蕉》《自写》《佳果》《牛浴》《蕉竹》《秋树》《无题》等。

麻雀芭蕉　中国画　1938 年

阔笔写意的蕉叶中，墨色浓淡与阴阳向背颇为讲究，麻雀的造型极富动感，草地的描绘融入水彩画技法，画面清新可人，富有生机，更体现了徐悲鸿融合中西技艺、师法造化的艺术主张。

自写 中国画 1938年

画面描绘了在两棵巨干虬枝、郁郁苍苍的古老柏树下，站立一人，他脚下是乱石、幽兰、流水，而人物神态自若，眼神中充满了坚毅，正遥望远方。此人正是徐悲鸿自己。于画面左上方，徐悲鸿慨然题诗："乱石依流水，幽兰香作威。遥看群动息，伫立待奔雷。"真实地表达了他此时内心的感受。

佳果 中国画 1938 年

　　徐悲鸿以酣畅的笔墨、饱满的色彩尽显枇杷的鲜活。画面以挂满佳果的主要枝干从右上到左下，作为构图主体，同时让主干生出的细枝与主要枝干穿插交错，表现线条组合的美感，整个画面虚实相生，轻重平衡。尽管是大写意，但枝、叶、果的质感依旧强烈，以一当十。

牛浴　中国画　1938年

蕉竹　中国画　1938年

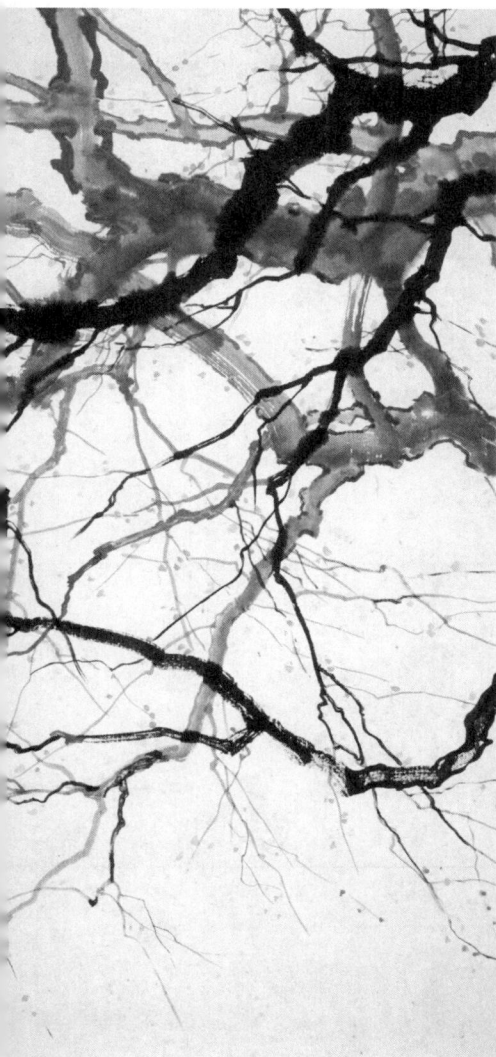

秋树　中国画　1938年

无题　中国画　1938年

徐悲鸿此时的马已经达到笔笔简练，酣畅淋漓的境界。

秋蝉　中国画　1939年

大树双马　中国画　1939年

课程结束后，徐悲鸿携带挑选出的十六箱画作精品由广东沿西江东下，拟赴香港，再从香港去新加坡。由于广州沦陷，他在西江漂流了月余，时至1938年底，才抵达香港。徐悲鸿争分夺秒，在创作出几幅作品，如《秋蝉》《大树双马》后，还特意带着重新装裱并加了题跋的《八十七神仙卷》，请香港中华书局照相制版，用珂罗版精印。但是，由于时间紧张，他来不及等待出版，就又启程赴新加坡了。

　　1939年1月，徐悲鸿终于到达了目的地，这已是徐悲鸿第三次访问新加坡，故倍感亲切。经过两个月的筹备，抗战筹赈画展在新加坡举行。展出的作品有《田横五百士》《傒我后》《广西三杰》《箫声》《湖上》《远闻》《琴课》《碧云寺》等三十八幅油画，《九方皋》《巴人汲水》《群牛》《壮烈的回忆》《奔马》《德京归梦》《狮》等八十九幅国画，以及粉画、素描等共计一百七十二幅。画展开幕当日，场面盛大，观众如潮水般涌入展场，新加坡总督及当地各界名流也亲临祝贺。

徐悲鸿抗日战争时期（30年代末），先后在新加坡、吉隆坡等地举办义展五次，将卖画所得全部救济祖国难民。这是徐悲鸿当时在自己作品《九方皋》前的留影

展览期间，徐悲鸿和许多旧友重逢，其中，画家李曼峰先生和书法家陈之初先生先后来看望了他。李曼峰[1]是一位杰出的油画家，曾担任过苏加诺总统府的画师。他善于描绘地方风情和人物肖像，作品丰富多彩、光华灿烂，且富有浓郁的东南亚文化色彩与生活气息。徐悲鸿为他的画集撰写了序言，并称赞他"极富才气，油绘富丽而浓郁，在国中也少见"。陈之初[2]不仅以浑厚洒脱、博采众长的书法作品闻名，同时也是资深的美术鉴赏家和收藏家，甄别书画的造诣与境界不凡。受徐悲鸿的影响，他对任伯年亦情有独钟，认为其作品注重写生、题材广泛。后来，他曾将香雪庄所收藏的百余幅任伯年之作，编成精美的《任伯年画集》出版，徐悲鸿亦欣然为这本画集撰写了《任伯年评传》。

　　为了宣传抗日和让更多的华侨了解祖国沦陷的真实情况，徐悲鸿不惜付出大量精力和时间与各界华侨交往。因此，他也结识了南洋一些著名的青年画家，有善画水彩风景画的杨曼生、许西亚，还有创出油画新风格的刘抗等。

　　在新加坡，华侨占当地居民的大部分。他们本就热爱祖国，当他们更深切地了解到祖国被日军铁蹄践踏的悲惨情况后，更是积极支持徐悲鸿的画展。展出的作品，除了非卖品外，均销售一空，各得其主。画展结束后，徐悲鸿将卖得的画款全数捐献给了祖国以救济难民。当时，仍有许多人并不理解徐悲鸿尽心竭力办展，耗时一年有余，却分文未取的举动，但是，徐悲鸿心里十分清楚：只有当他将自己的艺术事业与国家，与民族命运融合在一起之时，才能让他真正地感到快慰。

　　春夏交替之时，比利时驻新加坡的副领事勃兰嘉先生托徐悲鸿为他的女友珍妮小姐[3]作一幅肖像画。此画完成后，众人皆对徐悲鸿的艺术才华赞叹不已，勃兰嘉更是专门举办了盛大的画作揭幕仪式。同时，珍妮小姐本人也

---

　　[1]　李曼峰（1913—1988），当代著名画家。1913年出生于广州，幼年时移居新加坡，后到印尼，成为东南亚的先驱画家，对"南洋画风"有着重要贡献和影响。创作于1948年的《老人与马》是李曼峰早期最出色的作品之一，画中弥漫着令人动情的哀婉和光影，以及优美的构图，将李曼峰作品的特点展现得淋漓尽致。

　　[2]　陈之初（1909—1972），中国美术家协会会员，著名书法家，也擅长工艺美术。代表作品有书籍装帧《永乐宫壁画》等，曾获布鲁塞尔书籍装帧金奖。

　　[3]　珍妮小姐祖籍广东，为当时星洲名媛。

对画作喜爱有加，于是她慷慨解囊，捐款救国。最终，这幅《珍妮小姐》得到画酬四万新币，成为徐悲鸿此时期于南洋募捐中画酬最多的一幅作品，在当时也传为佳话。后来，此画不但成为《悲鸿在星洲》一书的封面，更成为徐悲鸿最著名的油画人物肖像之一。画中的珍妮小姐身穿旗袍，安坐藤椅之中，和煦的阳光从窗外散落在她的脸庞之上，她面容恬静、姿态端庄，尽显东方女性的温柔娴静之美。徐悲鸿以西方写实手法勾画人物特征的同时，洞悉人物的内心世界，并展现了人物的气质和精髓。

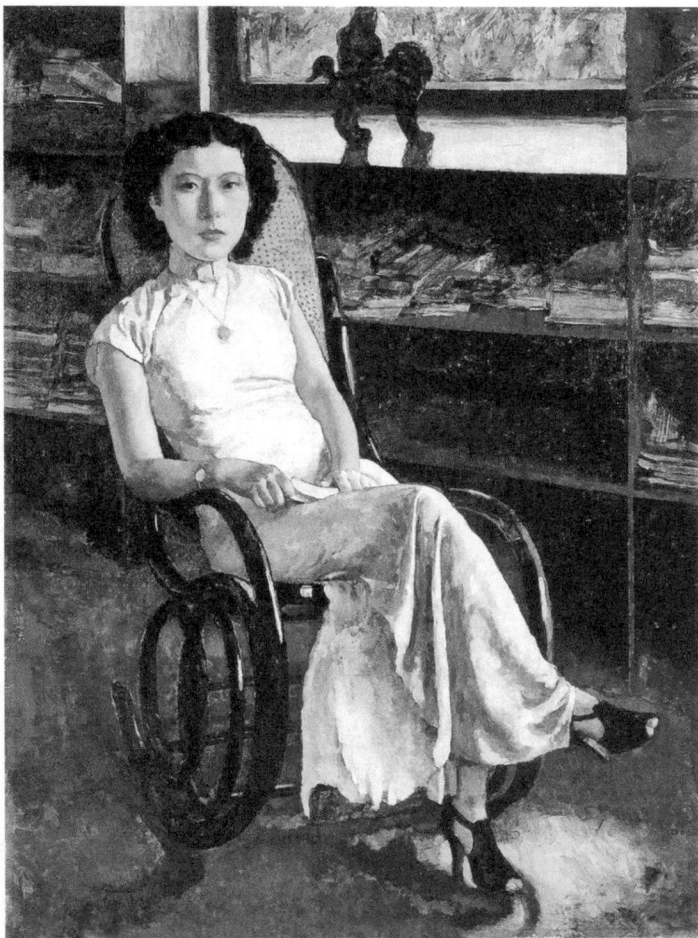

珍妮小姐　油画　1939年

这年9月，徐悲鸿因在新加坡观看了宣传抗日的街头剧《放下你的鞭子》，深受感动，于是耗时十天左右创作出同名爱国主义题材油画《放下你的鞭子》。这部剧最早是由田汉根据德国著名作家歌德（Goethe）①的长篇小说改编的独幕剧，抗战开始后，又被陈鲤庭②、崔嵬③等人改编为街头剧，用以宣传抗日，募集善款。该剧讲述了"九一八"事变后，从东北沦陷区逃出来的以卖唱为生的一对父女的故事：一日，父女俩正准备表演时，女儿香姐正要开嗓，却因饥饿突然昏厥在地上。老父亲却举起鞭子准备抽打她，一名旁观的青年工人从人群中愤然冲出，高声喊道："放下你的鞭子！"随即猛地夺下了鞭子，并谴责了老父亲对女儿的残忍举动。之后，老父亲和香姐向众人讲述了日本侵华、家乡沦陷、被迫流亡等辛酸经历，无不激起了观众的抗日救国情绪。

当时，此剧由红极一时的女明星王莹④主演，而且，参演的所有演员均为义演，分毫未收，以实际行动为国家做着抗日宣传。而徐悲鸿在他的油画作品中，则以接近真人的比例将王莹入画，作品极为细致地刻画了王莹所扮演的香姐：她身穿白底蓝纹的服饰，手持红绸，翩翩起舞。一方面，徐悲鸿用写实的手法刻画了人物的面部与手部，强调了人物的感受。另一方面，他又刻意采用写意的手法去表现人物的服装与脚部，且在服装的描绘上运用了中国水墨画的特征，给人以简洁凝练之感。后景之中，站立着扶老携幼的观

---

① 约翰·沃尔夫冈·冯·歌德（Johann Wolfgang von Goethe，1749—1832），德国著名诗人、剧作家、思想家。其作品对德国和世界文学有很大影响。代表作有戏剧《葛兹·冯·伯利欣根》、书信体小说《少年维特之烦恼》、诗体哲理悲剧《浮士德》等。

② 陈鲤庭（1910—2013），中国电影导演，艺术理论家。擅长撰写戏剧、电影评论文章，并翻译介绍苏联的电影理论，如普多夫金的《电影演员论》等。陈鲤庭在戏剧和电影的理论研究上，是有建树的开拓者之一。他的导演艺术于40年代形成了独特的风格，既大刀阔斧又精雕细琢。代表作品有电影《遥远的爱》《幸福狂想曲》《丽人行》《劳动花开》等。

③ 崔嵬(1912—1979)，中国著名电影艺术家、剧作家。他所导演的故事片有一种气势磅礴、浓郁粗犷的艺术风格。而他导演的戏曲片既符合戏曲音乐的节奏，又发挥电影的时空特征，大大增加了原戏的感染力。其代表作有故事片《红旗谱》《青春之歌》《小兵张嘎》等，戏曲电影《杨门女将》《野猪林》《穆桂英大战洪州》等。

④ 王莹（1913—1974），著名电影演员、表演艺术家、作家。她学识广博，多才多艺，从30年代初起就在文坛上享有盛誉。她以清新隽永的文笔撰写了许多散文、游记和影评，素有"文艺明星"之称。其代表作有电影《女性的呐喊》《酒后》《同仇》等。

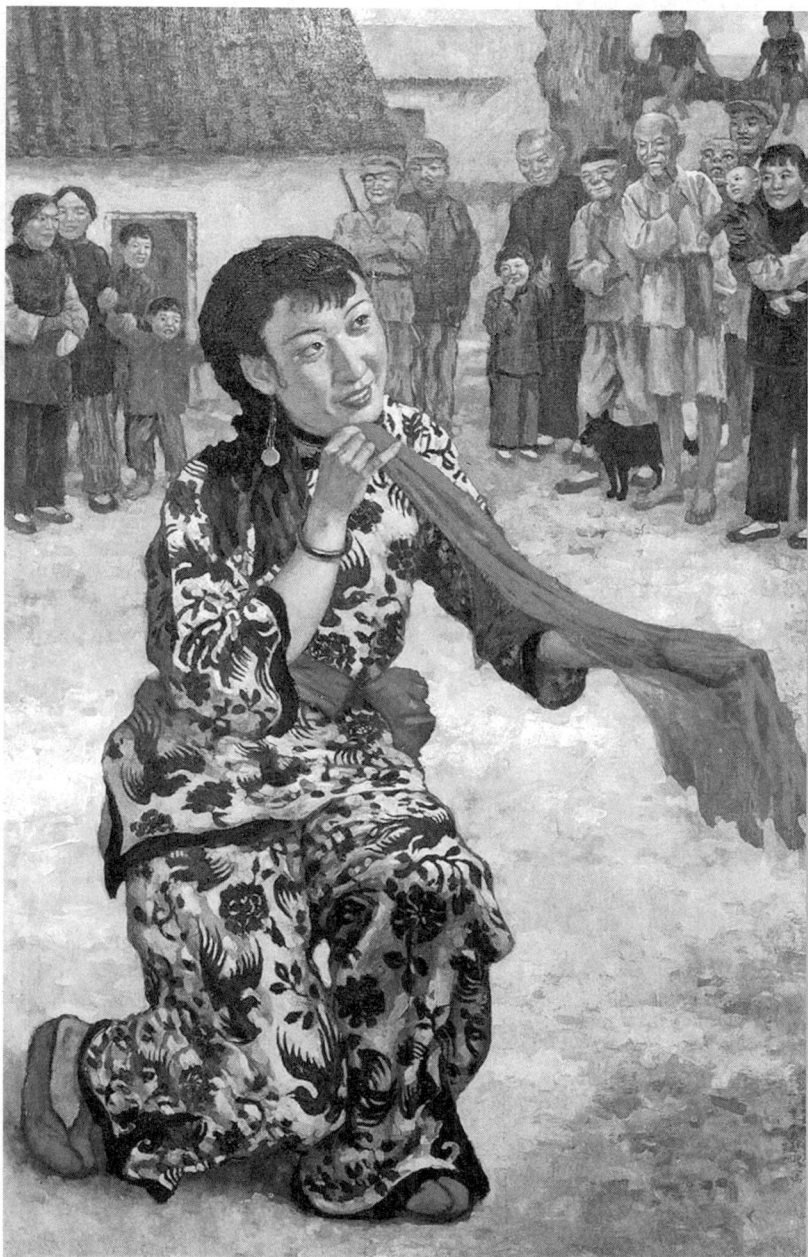

抗战时期，徐悲鸿与著名演员王莹在油画《放下你的鞭子》前合影

1940年，徐悲鸿赴印度举办展览并讲学，这是他与印度大文豪泰戈尔先生的合影

众，有的衣衫褴褛，有的着军服持枪，双手交叉，所有人均聚精会神、陶醉其中。整幅画不仅将香姐卖唱时强颜欢笑的神情刻画得十分准确，更将抗战时民众的生活状态及心态展露无遗。

《放下你的鞭子》表现出了较高的艺术造诣，无论绘画技巧还是思想境界，均为徐悲鸿之绘画艺术趋向成熟的标志，于是，后世不少人认为，正是由此时开始，徐悲鸿进入了他的创作鼎盛期。

同年11月，徐悲鸿受印度诗哲泰戈尔[①]（Tagore）之邀赴印度国际大学（Visva-Bharati University）讲学。国际大学位于距加尔各答不远的小镇圣蒂尼克坦（Santiniketan），圣蒂尼克坦意为"和平村"，美丽而宁静。

---

① 拉宾德拉纳特·泰戈尔(Rabindranath Tagore,1861—1941),印度杰出的诗人和文学家，于1913年获得诺贝尔文学奖，被誉为"印度近代文学之父"。1921年，泰戈尔创立了从事亚洲文化交流的国际大学。1937年4月，泰戈尔在国际大学主持中国学院揭牌典礼时作了《中国和印度》的演讲，他说："对我来说，今天是一个期待已久的伟大日子。我可以代表印度人民，发出消隐在昔年里的古老誓言——巩固中印两国人民文化交流和友谊的誓言。"此后，泰戈尔以国际大学中国学院的名义，盛情邀请一些中国学者、艺术家去那里讲学、创作，积极推进两国的文化、教育交流。

木棉　中国画　1940年

那些似火如霞的木棉花，硕果累累的杜果树，婉转啼莺的歌声——这个小镇所有旖旎的风光及美好的事物，都伴随着泰戈尔高贵优雅的言谈举止和深邃渊博的哲思境界，长久留存在徐悲鸿的脑海之中。

在印度，徐悲鸿利用各种机会，无论在私人交往间还是公开讲演中，都积极宣传中国的抗日战争，以取得印度人民的同情和支持。除了给国际大学的美术学院讲课以及参加一些社交活动外，徐悲鸿仍然不遗余力地进行创作。他不仅为国际大学的许多学生和一些民间艺人画了速写，如《鼓者》《琴师》等，还先后为泰戈尔画了十多幅素描、速写、油画及中国画的肖像，其中，以素描《风景泰戈尔后院》、素描《泰戈尔像》及中国画《泰戈尔像》最为著名。

风景泰戈尔后院　素描　1940年

泰戈尔像　素描　1940年

泰戈尔像　中国画　1940年

此幅《泰戈尔像》是徐悲鸿
人物肖像画的代表作之一。它是
画家在多幅已完成的速写基础上
创作而成的国画。徐悲鸿通过墨
线的穿插和疏密浓淡的变化来表
现出泰戈尔银色的须发和厚重的
长袍，人物塑造完整、浑厚。在
细节方面，人物双目的刻画也极
为细致入微。此画是难得一见的
佳作。

1940年2月17日，年事已高的印度圣雄甘地（Gandhi）先生访问圣蒂尼克坦。泰戈尔为甘地举行了盛大的欢迎集会，并热情地将徐悲鸿引荐给甘地。在甘地发表讲话之时，徐悲鸿在短短几分钟时间里，现场为他画了一幅细微传神的速写像，十分传神地描绘出这位印度精神领袖的平易近人与独特气质，甘地看后非常高兴，并在画上签了名。之后，泰戈尔建议徐悲鸿在印度举办个人画展，以促进中印两国的文化交流与友谊传承，甘地当即表示赞许。

甘地像　素描　1940 年

　　根据这幅速写，徐悲鸿此后还创作了一幅油画《英雄甘地像》。画面表现出画家善于深入观察生活，把握瞬间动感并将之跃然纸上的极强能力，甘地的慈祥、稳健也被描绘得恰到好处。

准备工作很快就绪，徐悲鸿的个人画展先后在圣蒂尼克坦和加尔各答两地举行，反响十分热烈。泰戈尔先生还亲自为画展撰写了序言，对徐悲鸿的作品不吝赞美之词："美的语言是人类共同的语言，而其音调毕竟是多种多样的。中国艺术大师徐悲鸿在有韵律的线条和色彩中，为我们提供一个在记忆中已消失的远古景象，而无损于他自己经验里所具有的地方色彩和独特风格。我欢迎这次徐悲鸿绘画展览，我尽情地欣赏了这些绘画，我确信我们的艺术爱好者将从这些绘画中得到丰富的灵感。既然旨趣高奥的形象应由其本身来印证，多言是饶舌的，这样，我就升起谈话的帷幕，来引导观众走向一席难逢的盛宴。"待画展圆满结束后，因惦念着身处灾难旋涡之中的同胞们，徐悲鸿将这两次画展筹得的款项全部捐寄给了祖国，用于救济难民。

随后，徐悲鸿转赴喜马拉雅山下的大吉岭，在这座淹没于云海雾河中的小城，徐悲鸿也沉静下来，全身心投入他构思已久的巨幅国画《愚公移山》的创作中。这幅画的题材取自《列子·汤问》中的一则广为流传的寓言故事：在愚公的家门前，有太行、王屋两座大山绵延七百里，高万丈。愚公苦于大山挡住了自家门前的道路，阻碍出入通行，欲将山铲平。然而，愚公的想法却引来了众人的嘲笑和讥讽，但他却毫不动摇，坚定地说道："虽我之死，有子存焉。子又生孙，孙又生子；子又有子，子又有孙；子子孙孙，无穷匮也；而山不加增，何苦而不平？"最终，愚公及其子孙后代坚忍不拔的精神感动了玉皇大帝，遂命天神将两座大山搬移。

这幅宽四百二十四厘米、高一百四十三厘米的画作便将这个简单却深刻的故事，以极为传神的笔画，写实中略带写意的手法进行了还原。除了描绘开山凿石的恢宏场面，此前徐悲鸿在圣蒂尼克坦所创作的很多印度男性的素描稿，也都作为人物原型运用到了这幅作品中。

画面的右半部，六位体魄健壮的全裸壮汉正在挥锄掘石、紧张劳作，给人一种石破天惊、排山倒海似的动感。他们的脚下，牵牛花盛开，藤蔓滋长。画面的左半部，愚公白发长须、挂锄而立，正和一位妇女说话，而妇女则手摸着一个正在吃饭的小男孩的头。整个画面疏密相间、跌宕起伏，笔墨遒劲有力，人物形神兼备。徐悲鸿在这幅作品中将中西两大传统技法有机地融会贯通，独创了自己"中西合璧"的写实艺术风格。

印度男人　素描　1940年

　　在前前后后绘制了将近三十幅草稿的基础上，徐悲鸿历时三个月时间，终于完成了《愚公移山》。此画作在当时影响巨大，因其不仅揭示了子嗣绵延、生命不息的主题，赞颂了愚公的顽强与执着，更表达了徐悲鸿的抗日决心和毅力，并鼓舞同胞们将抗日战争进行到底。民族的艰辛、胜利的渴望让流淌在人们血液之中那艰苦奋斗、不怕牺牲的精神开始沸腾，使得人民坚信：在这最为艰苦的抗日战争年代，如若有愚公一般锲而不舍的移山精神，定能移走压在我们身上的封建主义与帝国主义两座大山，也定能取得抗日战争的最后胜利。当然，徐悲鸿亦正是怀着这样的坚定信念而创作出了如《愚公移山》这般的杰作。

愚公移山　素描稿　1940年

愚公移山　素描稿　1940年

愚公移山　油画　1940年

暂居大吉岭的日子里，徐悲鸿从住地便可直接遥望雄伟的喜马拉雅山，那无比壮美辽阔的景色使他心旷神怡。于是，他在怀念喜马拉雅山另一侧的祖国之心境中，创作了素描《楷林蹦》、国画《喜马拉雅山》《喜马拉雅之山林》、油画《喜马拉雅山之晨雾》。除了画风景，徐悲鸿还创作了一些关于动物以及人物的画作，比如描绘了一只状貌生动有趣、双目炯炯有神之动物的《猫》，以及对身体结构把握精准、人物面部描绘细微、神态姿势描写自然的《印度妇人》等作品，皆成为此时期的名作。

楷林蹦　素描　1940年

　　实际上，徐悲鸿的中国画，山水极少，但他性喜游历，每至风景壮美之地，又多有描摹之作，此幅《喜马拉雅之山林》亦属此类作品。与徐悲鸿其他山水画一样，此画具有很强的西画特征，在画面表现形式上更倾向于风景画。画中前景的几棵大树几乎占据了整个画面，顶天立地之势极大地改变了中国传统山水画的视物方式，而行笔又将水彩画法与传统笔墨的书写相结合，带出一种酣畅淋漓的挥洒感，也使得此作成为徐悲鸿山水风景画中的精品之作。

猫　中国画　1940年

静文爱妻保存 庚辰五月大吉镇上寓悲鸿

印度妇人像　素描　1940年

印度妇人像　素描稿　1940年

印度妇人像　油画　1940年

创作之余，徐悲鸿还拜谒了许多古老的印度寺庙，古国文明的源远流长和艺术的辉煌成就使之惊叹不已。徐悲鸿曾骑马驰骋在这异国他乡的土地上，从大吉岭的苍茫荒野一直漫游到草肥林美的克什米尔山区。徜徉于大草原上，他深深迷恋着那些美丽而性烈的骏马：高头，长腿，健蹄，尖耳，阔鼻，风箱般饱满的胸脯，缎面般光泽的皮毛，奔跑起来如同风驰电掣……他简直陶醉了。在广袤的大自然中，他更细致地观察了马的动态：昂然伫立、回首长嘶、腾空而起、四蹄生烟；也更深刻地了解了马的天性：驯良、勇猛、忠诚、耐劳。

　　虽然，徐悲鸿此前一直有画马的习惯，并且画马功力已非同一般。但从小时候到现在，他真正与马亲近的机会却是少之又少，即使到了巴黎，他也只是在赛马场画马。直到此刻，他才终于有机会长时间与马朝夕相处，共同驰骋于漫漫草原。在更加熟悉马的特性和品质后，生逢乱世、命运多舛的徐悲鸿就更把马当作了自己的知心朋友与情感寄托。从此，他以马为友、以马抒怀，也为后期开启了一段画马的黄金旅程：他用泼墨写意或兼工带写塑造了千姿百态的马，并借马寄托自己的悲哀、忧郁、希望和欢乐，他笔下的马也因此真的"活"了起来，成为艺术史上举世无双的马。

　　1940年11月，徐悲鸿结束了访印的行程。他回到圣蒂尼克坦，向泰戈尔辞行。那时，病体稍愈的泰戈尔从躺椅上吃力地起身说："徐悲鸿先生，你就要回中国了，希望你临行前能为我选画。"于是，徐悲鸿与国际大学美术学院院长南达拉尔·鲍斯先生（Nandalal-bose）用了整整两天时间，将泰戈尔的两千余幅作品一一检视、筛选。这些画作既有用中国画和日本画的墨所作，也有用西洋画的水彩、水粉、铅笔、粉笔、油色所作，题材也十分丰富。他们极为认真地从中挑选出了精品三百余幅，最精者七十余幅，全部交由国际大学以供日后出版《泰戈尔画集》所用。

　　向印度告别后，徐悲鸿并未立即返回祖国，而是先到了新加坡，这是他第四次来到这个热情的国度。那时，吉隆坡、槟榔屿、怡保的华侨纷纷邀请徐悲鸿前往举办抗日筹赈画展，这使徐悲鸿备受鼓舞。能为苦难中的国家和同胞多尽一份力，能为向国际社会宣传抗日多尽一份心，正是他日夜盼望的。为了筹备这三个画展，徐悲鸿刚到新加坡就开始了夜以继日的工作。

在新加坡的酷暑天气，以及日复一日挥汗如雨的高强度工作重压下，徐悲鸿突然病倒了。他腰部剧烈疼痛，导致无法行走，甚至无法弯腰，只能卧床休息。但因画展临近，他不得不在腰疾未愈的情况下，不顾医生劝阻，重新投入紧张的创作工作中。不幸的是，从此，他便落下了腰痛的病根，与在巴黎时因饥寒交迫而患的肠痉挛症一样，此病症开始不断地折磨他，并伴随他终身。

1941年，徐悲鸿的筹赈画展在吉隆坡、槟榔屿、怡保三地如期举行，当地民众和华侨反响热烈，盛况空前。每当徐悲鸿穿着浅色西服、系着标志性的黑色大领结出现在展览现场时，热情的观众们便会将他紧紧包围，请他签名留念。于是，徐悲鸿就顺势宣传抗日，呼请海外华侨多多关注苦难中的祖国和同胞。许多华侨因受到徐悲鸿画作艺术魅力的感染，也感动于他的爱国精神，和他成为了好友。

一时之间，华侨们踊跃支持抗战，竞相抢购徐悲鸿的画作，并以买到其作品为荣。若遇到一幅画有多人订购的情况，徐悲鸿就赶紧再画几幅而不放过任何筹款机会。随后，徐悲鸿按照惯例将三个画展所筹得的巨额收入，全数捐献给了祖国。

4月，徐悲鸿收到美国援华总会的邀请赴美举行画展。他再一次回到新加坡，开始不知疲倦地埋头创作，积极为赴美画展做准备。作为抗日大后方的一员，徐悲鸿从未倦怠过，亦从未停止过奋斗。

这一时期，他创作的《牧童》应为最能体现其心境的作品：画面动中有静，静中藏动，牧童牵着倔强的耕牛，仿佛正向远处眺望着什么。代表倭寇的老牛虽健壮有劲，却始终无法将小孩的浩然倔劲撼动，这似乎表达了徐悲鸿对于胜利的渴望与向往。祖国炮声正浓，硝烟弥漫，正是抗日战争最为激烈的年月，而新加坡则是风光旖旎，人畜和谐，毫无战场上的"刀光剑影"。于是，徐悲鸿于画左上方题字道"……居于逸庐，隔夜残墨，用试新纸，颇得意外之欢，是可喜也"，这亦是他最真实的内心写照。

牧童　中国画　1941年

　　虽然暂时远离了烽火的喧嚣，得到片刻的安宁，但强烈的责任感依然牵引着他的心。可当他默默地忍着伤痛，不眠不休地创作时，他却始终谦虚地认为，自己的贡献比起那些勇猛抗日的一线将士的牺牲，是远不可及的。

　　同年秋季，正值第二次长沙会战①期间。当徐悲鸿得知我方一度失利，长沙为日寇所占的消息时，心急如焚，寝食难安。于是，他连夜画出一幅《奔马图》，并于画幅右侧题词：“辛巳八月十日第二次长沙会战，忧心如焚，

———————

　　① 1941年为抗日战争最激烈的时期，也是敌我力量相持之阶段。由于日军想在发动太平洋战争之前彻底打败中国，使国民党政府俯首称臣，因此，他们倾尽全力屡次发动长沙会战，企图打通南北交通之咽喉——重庆。

或者仍有前次之结果也。企予望之。悲鸿时客槟城。"

实际上，在徐悲鸿的画马生涯中，他在不同时期曾画过许多不同的奔马，而作于1941年的这幅可算是徐悲鸿画奔马的巅峰之作，也是最为后世赞叹之作。

画中之马正腾空而起，昂首奋蹄，鬃毛飞扬，精神抖擞，意气风发。整体上看，画面前大后小，透视感较强，前伸的双腿和马头有很强的冲击力，给人以骏马似乎要冲破画面之感。此前，中国画中的马，大多都是平面，而中国古人画马也大多都是以侧面为主，很少刻画如此迎面跑来的动态。因此，徐悲鸿笔下的这匹奔马可算是独创。

从细节上看，画中之马肌肉强健，腹部圆实，头略向右倾，鼻孔略大，神形兼备，写实度高。徐悲鸿采用了西方绘画中体与面、明与暗分块造型的方法，同时结合传统线描技法，寥寥数笔，便使一匹既造型准确又力量非凡的骏马跃然纸上。

马的头顶、胸部、马蹄、臀部留白，有强烈的光影效果。腹部阴影处，用墨比较淡，显示出了柔软而富有弹性的质感，背部则用墨较浓，突出其鬃毛的厚密，最后，再以淡墨枯笔扫出其飞扬之势，动态非凡。可以说，这幅《奔马图》能让人感受到马呼出的热气、滚烫的体温，甚至淋漓的汗水。而它强健的生命力也正是抵抗侵略的中国人民的民族精神的象征。

然而，时局骤变，形势急转直下。1941年12月7日，日军偷袭了美国珍珠港，同时向新加坡进攻。新加坡当局猝不及防，陷于一片混乱惊恐之中。于是，徐悲鸿将带到新加坡办画展的十六箱画作，以及近两年在新加坡、印度所作的国画、油画精品装箱，准备立刻离开新加坡。但是，交通困难、时间紧迫，他实在无法运走全部作品，只好将四十幅油画精品遗留在了一所华侨小学内，最终，因当时的紧张形势，留下的油画全数被毁，自此，人画永离，终成愧憾。更让徐悲鸿痛心疾首的是，因对中国抗战的积极支持以及对日军的抵抗行动，在新加坡陷落后，居住于此地的大批爱国华侨均遭到了日军的捕杀。

奔马图 中国画 1941年

辛巳八月廿日第二次长沙会战复如此想或者仍多前次之结果也 悲鸿时客槟城

此画为徐悲鸿在昆明劳军画展之际所作的一幅山水作品，笔墨精练、气势浑厚、一气呵成，观之使人感到心胸舒展，惊叹不已。

徐悲鸿在战争爆发前的最后时刻逃离了新加坡，途经缅甸、云南边陲重镇保山，终于到达了昆明。在这个四季如春、风光秀丽的城市，他得到了暂时的休憩，疲惫的身心也因此得以舒缓。但每每念及正处于水深火热的人民和在前方浴血奋战的将士，徐悲鸿就寝食难安。于是，他又马不停蹄地开始筹办劳军画展，将之前准备在美国展览和出售的画作全部移用于此次昆明的画展中，而画展所筹得的全部收入依然捐献祖国，以慰劳前方将士。

昆明画展结束后，徐悲鸿一面工作，一面继续恢复疲惫的身心。就在他准备启程返回重庆之时，一个噩耗突袭而至。那时，他暂住在云南大学的一幢楼上。一天，空袭警报尖啸长鸣，日本轰炸机结队飞来。匆忙之中，他与众人跑进防空洞避险。警报解除后，他回到住所发现门锁竟被撬，清理一番之后，发现《八十七神仙卷》和自己的三十余幅作品皆被盗。

当时，《八十七神仙卷》是在国内仅见的唐代人物画卷，除此之外，便只有后来曾归张大千先生收藏的《韩熙载夜宴图》可与之匹敌了。当年，徐悲鸿因能为这件流落外国人之手的国宝赎身，使它回归祖国，感到欣喜若狂。而这件被他视若生命的珍藏，现在在哪里呢？徐悲鸿不禁头晕目眩……日子一天天流逝，虽已报警仍旧杳无音信。

历经《八十七神仙卷》失而复得的欣喜、得而复失的打击，徐悲鸿曾赋诗自忏："想象方壶碧海沉，帝心凄切痛何深。相如能任连城璧，愧此须眉负此身。"他以蔺相如完璧归赵比拟，而深深自责未能保护好这件同样重要的国宝。同时，徐悲鸿亦担心这幅画卷再次流落国外、散失踪迹，成为自己终生以及中国画坛的遗憾。徐悲鸿终日忧心如焚，日不进食，夜不能寐，焦急地期待珍宝回归。神经高度的紧张和焦灼，最终使他再次病倒。从此，他又落下了高血压的病根，成为他身体健康的一个巨大隐患。

1942年夏天，徐悲鸿终于回到了山城重庆。尽管他在国外为了宣传抗日而劳苦奔波数年，不断给国家捐款且从未花过国家一文钱，国民党政府却视而不见，也没有为他安排任何官方的接风活动。但是，能在祖国与亲爱的同胞们、熟悉的学生们重逢，能在中央大学继续从事他热爱的美术事业，徐悲鸿还是心生欢喜与慰藉。

1942年，徐悲鸿（第一排右四）在东南亚举办抗战赈灾义卖画展后归来，在重庆与中央大学艺术系部分师生合影

回到中央大学艺术系，徐悲鸿迎来了回重庆之后唯一的也是最亲切的一场欢迎仪式。为了迎接最敬爱的徐老师的归来，学生们不仅放起了鞭炮，还亲手做了一桌子丰盛的饭菜。大家欢笑着向徐悲鸿问好，争抢着给他夹菜，一瞬间的工夫，徐悲鸿的大碗中就堆出了一座小山。学生们你一言我一语，叽叽喳喳说个不停："徐老师，我们终于把您盼回来了！""徐老师，我们真是望眼欲穿啊！""徐老师，你这几年过得好不好？""徐老师，我这些年照你的方法，油画果真进步了很多。"……同时，学生们也注意到，徐老师那一头曾经浓密的黑发已然斑白，与三年前相比，他似乎衰老了许多。学生们关切的目光与问候让徐悲鸿感到无比温暖，当他与他们相视一笑之时，却发现每个人的眼眶中都闪动着泪花。

徐悲鸿照旧回到中央大学的集体宿舍中，住在上下两层铺的小房间里，并重新开始了他的教学工作。其间，因考虑到一双儿女的未来，他专程去看望了蒋碧薇，希望二人能破镜重圆。但是，此时的蒋碧薇不仅对他冷若冰霜，并且坚决拒绝和解。

　　之前，徐悲鸿与女学生孙多慈之间彼此倾慕的传闻，使徐悲鸿和蒋碧薇的感情遭受重创。而二人聚少离多、争执不断的夫妻生活亦早已使得蒋碧薇对于这段婚姻的态度，更倾向于"心死"。况且，她的心也渐渐有了新的归属——蒋碧薇与时任国民党宣传部长的张道藩一直保持着亲密的关系。从他们在柏林初识的那天开始，张道藩便对蒋碧薇一见钟情。后来，因同为"天狗会"的成员，两人接触的机会也越来越多。在南京之时，张道藩虽已娶法国人素珊为妻，但他却一直惦念着蒋碧薇，时常趁徐悲鸿不在家之时，主动找蒋碧薇叙旧。抗战时期，蒋碧薇迁居重庆，张道藩留守南京，二人却书信往来不绝。在得知徐悲鸿行将归国的消息时，张道藩立刻写信给蒋碧薇，要她"拒绝一切调解，说明和他（徐悲鸿）永久断绝"，同时，蒋碧薇在给张道藩的回信中也坚决表示："忍痛重圆，此一做法，当为吾人最难堪、最惨痛之牺牲"，并希望张道藩放心。显然，徐悲鸿的求和之举再无成功的机会，而两人的关系亦确已破裂，毫无回旋的余地了。

　　于是，孑然一身的徐悲鸿仍将全部精力用于创作和教学上。为了弥补这几年失去的教学时间，他每天一早就来到教室里，因材施教，循循善诱，鼓励、引导学生向着适合自己的方向发展。当时的许多学生如李斛[①]、宗其香[②]等，后来都成为优秀的美术家，并多在美术院校任教。

　　这一时期，徐悲鸿依然坚持不懈地创作，不少佳作相继问世，《群奔》便是其中最为杰出的代表。一群奔驰中的骏马在广袤的土地上奋鬃扬蹄，有的腾空起飞，有的蹄下生烟，有的回首顾盼，有的一往直前，都仿佛要破纸而出。

　　在徐悲鸿的笔下，六匹奔马形神兼备，动态各异。虽笔墨偏向写实，但又有一种无法抗拒之浪漫主义风格在其中荡漾，而马的内在精神亦蔚然可

---

　　① 李斛（1919—1975），著名画家、美术教育家。擅长国画与人物肖像画，并在中国画技法和人物造型能力上有着开创性成就。他坚持用中国画的笔墨进行西洋画法的写生，并对素描基本功十分重视，创作了大量别开生面的夜景山水画与人物画。其代表作品有《印度妇女像》《关汉卿像》《齐白石像》等。

　　② 宗其香（1917—1999），著名画家、美术教育家。擅人物、山水画，尤长夜景。其代表作品有《艺君像》《漓江夜》《寺前小集》等，有《宗其香画集》行世。

群奔　中国画　1942年

观，给人以惊心动魄之感。可以说，这一幅《群奔》的画卷气势雄壮，极富力量，马匹自由地奔驰着，同时也推动着中华民族的历史滚滚向前。

　　不久之后，蒋碧薇的父亲蒋梅笙先生因病逝世了。徐悲鸿闻讯，立即赶到医院的太平间，悲伤地陪着蒋碧薇守灵，两人相对却无言。在夜晚的寂静中，往事一幕幕在眼前闪回。徐悲鸿还记得自己第一次到蒋家拜访的时候，蒋梅笙穿一件灰色纺绸长衫，摇着折扇，满脸笑意地迎接他，这位大学教授知书达礼却毫无架子，初见便使徐悲鸿受宠若惊；每当徐悲鸿作出一幅新作请蒋梅笙过目时，蒋先生定会大力夸奖。有一次，因徐悲鸿在他特意买来的一把折扇上画了一丛栩栩如生的墨竹，蒋梅笙竟高兴了大半日，并在晚餐之时，还不忘十分赞赏地用食指敲击桌沿，连声叫好。徐悲鸿和蒋碧薇从日本归国时，蒋梅笙亦激动迎接，宽容有加，未对二人私奔之事说一句责备的话……几十年的岁月一闪而过，历历在目，徐悲鸿沉浸在深深的回忆之中。

突然，他的思绪被坐在老人遗体另一边的蒋碧薇打断，只听她轻声说了一句："要是能给父亲画张遗容就好了。"于是，徐悲鸿立即从随身携带的手提包中拿出纸和笔，饱含深情地为蒋梅笙画了一幅素描遗容。

葬礼之后，徐悲鸿原本想再安慰一下蒋碧薇，未料蒋碧薇却毫无感谢之意，并向徐悲鸿说道："你我的个性太不相同……你可以另外结婚，我难道还会跟你捣乱不成？"听罢，徐悲鸿沉默了。很多年后，蒋碧薇在回忆蒋梅笙去世的这一时期写道："父亲去世前后，道藩对我尽了最大的爱心与关切……在那一段时期内，道藩在中宣部的工作职责重大，忙碌到夜以继日，但他仍尽可能地抽出时间，和我多聚晤。"可见，在她的心中，当了国民党宣传部长的张道藩能使她"获得莫大的荣宠和幸福"，而徐悲鸿的陪伴和安慰却不值一提。

诚然，张道藩彼时确实给予了承受着丧父之痛、沉浸在悲怆之中的蒋碧薇以鼎力帮助，但也许更让蒋碧薇感动与刻骨铭心的是那种关怀背后的风光与虚荣——她父亲（一个普通的大学教授）的葬礼，竟"得到了政府首长及名流学者数百人，并由国民党政府林森主席和行政院明令褒扬"，这也是徐悲鸿一声问候或是一幅素描所完全不能比拟的。与此同时，徐悲鸿纵然还未明白事情的全部真相，但他顾念蒋碧薇的那颗心已严严实实地合上了，自此，不再对她回顾一眼。

（以下的《铁锚兰》《侧目》《鹰扬》《斗鹰》《紫兰》《彩霞》均为
徐悲鸿客旅星洲时所作，也是这一时期质量上乘、体现其爱国主义精神的佳
作。）

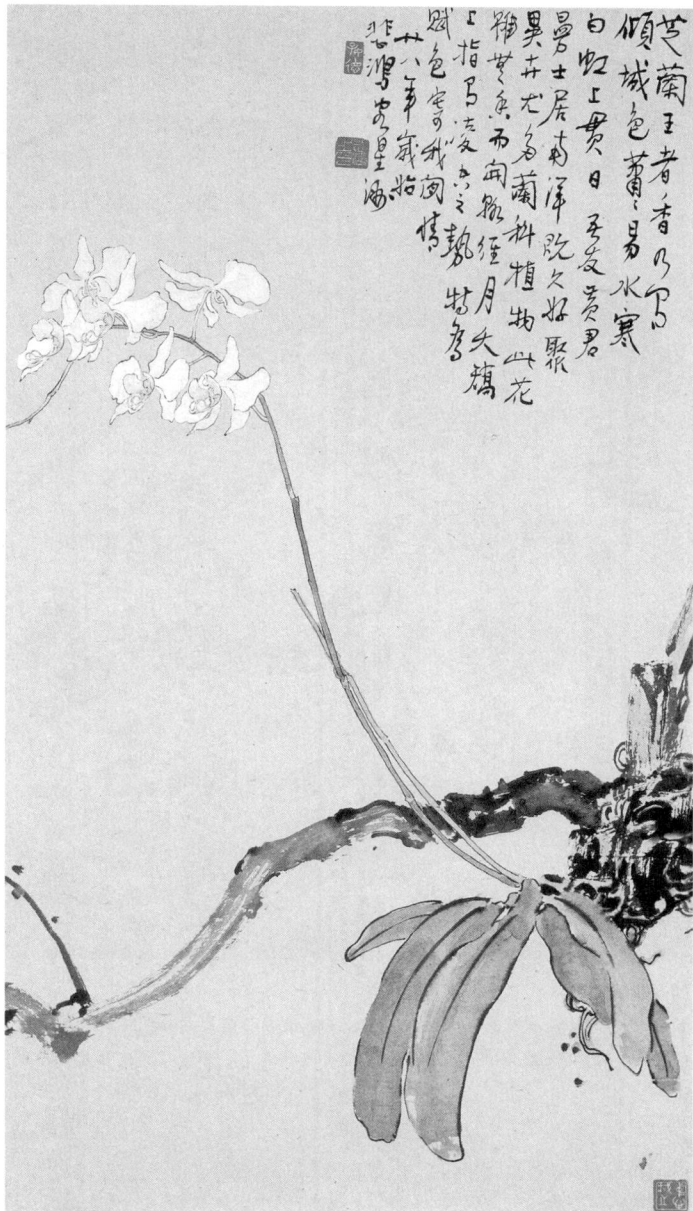

铁锚兰　中国画　1939 年

侧目　中国画　1939年

　　此画中的雄狮，侧身俯视崖间盘蛇，怒目圆睁，探爪做欲扑状，其势甚得，有瞬间定格之妙。其画意表现了徐悲鸿于1941年抗战期间，振作精神，唾弃邪恶势力，希望以画笔唤起民众奋勇之心，抒发对光明之向往。

鹰扬　中国画　1939年

斗鹰　中国画　1939年

在此幅鹰的作品中，通过对苍鹰威武机警的神态和英勇搏击的精彩描绘，既可见徐悲鸿高妙的技艺，也显示出他观察事物之精细入微的程度，同时观者更可感受到他斗志昂扬的精神面貌。

彩霞　水粉　1940年

少妇像　油画　1940年

第八章 ╲ 鹣鲽情深静文伴

1942年秋，为了实现自己多年的夙愿——办一所研究性质的美术学院，并集中一大批国内知名的画家从事美术研究和创作，徐悲鸿开始着手筹办"中国美术学院"。由于战时一切都很困难，任何办学都只能因陋就简。于是，与徐悲鸿合作的中英庚款董事会计划用庚子赔款建立美院，并将院址设在沙坪坝对面的磐溪石家花园石家祠。美院木结构的房舍虽显粗糙，但四周苍松翠柏、修竹茂林，环境倒也十分幽静。从美院出门，便是一条弯弯曲曲的青石板路，连着数百级石梯直通嘉陵江边，乘小木船渡江而去，可到沙坪坝或市区，交通亦较为方便。

　　为了给中国美术学院准备一批图书，徐悲鸿决定亲自去桂林七星岩岩洞取回他留在那里的藏书。他先由重庆乘长途汽车前往贵阳，在那里，他举办了一次画展，并将全部卖画收入捐献给了当地中学做运转经费，之后，再乘车到达桂林。

20世纪40年代初，徐悲鸿摄于陪都重庆

在熟悉的漓江畔，徐悲鸿和田汉、欧阳予倩终于又相聚在一起了。这三个"南国"的挚友，当年一别后，各自都历经了不平凡的艰难岁月。国难之时，他们谁也不曾畏惧过，始终奋斗在文艺的第一战线上。此时，欧阳予倩正在桂林创办剧社，上演了许多抗敌话剧。田汉则在郭沫若领导的政治部第三厅担任文艺处处长，肩负了极为繁重的抗敌宣传工作，并领导抗敌演剧队四处奔走演出。

十五年稍纵即逝，当年意气风发的三位文艺青年此时都已白了头。他们久久地相视而笑，慨叹岁月无情，人生易老。但是，当他们回忆起那些并肩战斗的往事，在南国艺术学院里共事的情景时，三人疲惫的眼睛中便立即闪烁出耀眼的光芒。他们谈天说地，聊革命，聊文艺，也聊到了各自的家庭，若不是因为有工作在身，三人定会一直聊到天明。虽然，他们前面的道路仍将是艰难崎岖的，但他们之间的革命情谊却如火炬一般，永不熄灭。

这年年底，徐悲鸿应欧阳予倩邀请，在桂林观看了抗日义演。与此同时，在徐悲鸿后半生生命中扮演最重要角色的女人也来到了这里，出现在这次义演中。两人虽未直接见面，却亦自此开始了一段奇妙的缘分。

她是合唱队里的一名队员，在一个八人小合唱节目中担任女中音，而这次义演是由她所在的文工团承担所有演出任务的。后来，一直想辞去文工团工作的她，在报纸上偶然看到中国美术学院筹备处在桂林招考图书管理员的消息，便立即报名应考了。最终，她以笔试第一名的成绩进入了面试阶段。在面试中，她凭借着机智率真的谈话，给考官徐悲鸿留下了深刻印象，并当场被录取。这个年仅十九岁的女孩，有着一个普通却好听的名字：廖静文。

录取后的第二日清晨，廖静文就与徐悲鸿的学生张安治①先生一起作为助手，陪同徐悲鸿前往桂林七星岩岩洞整理藏书和藏画。岩洞长达两华里，是桂林的胜景，也是最牢固的天然防空洞。广西省政府选取岩洞的一部分，安装了地板和电灯作为仓库，徐悲鸿的藏书和藏画都装在四十多只大木箱里存放于此。

第一次看到如此大量的美术作品和印刷品，廖静文不禁感叹万分。在仔细翻阅这些精美无比、保存得当的书画时，廖静文仿佛被引领着走进了一座辉煌的艺术宫殿。而书籍画册上所题之语句"悲鸿旅欧最穷之际" "悲鸿梦寐以求，借资购得"等，亦清晰地表明了每一本书画的出处，使得廖静文恍然大悟：原来每一部作品均是如此来之不易、珍贵无比啊！几天之后，三人终于整理好了沉甸甸的书画。

在廖静文的提议下，徐悲鸿并未立即动身去重庆，而是先在阳朔游玩了几日。在旅途中，徐悲鸿一面欣赏着绿水青山，一面坐在船篷之中创作。他突然记起了几年前那一段趣致的水上人家的生活，同时，也念起了那些正在

---

① 张安治 (1911—1990)，画家、美术教育家，擅国画。主要老师有徐悲鸿、潘玉良、蔡任达等先生，后期在多所名校任教。其代表作有专著《中国画论纵横谈》《中国画发展史纲要》等。

受苦受难的同胞。于是，他拿出一张用炭笔勾画了人物构图的纸张，陷入了沉思，这是他准备创作的国画《国殇》的草稿图。

由阳朔返回桂林后，徐悲鸿一行便踏上了去重庆的旅途。朋友们在桂林火车站为他们送行，此时，廖静文看见徐悲鸿久久站在车门边，不断向友人挥手，满眼尽是恋恋不舍，然而当时的她并不了解徐悲鸿对桂林有着那么深的感情，也未曾想到这竟是他一生中最后一次和桂林告别。

回到重庆远郊嘉陵江北岸的磐溪，安顿好运回的书画后，徐悲鸿又紧锣密鼓地投入筹办中央美术学院的各项事宜中。由于徐悲鸿准备将它办成一所研究院，于是特聘了研究员及副研究员，先后应聘的有张大千、吴作人、李瑞年、沈逸千、冯法祀、张蒨英、张安治、陈晓南、费成武、孙宗慰、宗其香等人。

此外，徐悲鸿也开始为即将在重庆举办的个人画展做准备。除了作画，他还忙于许多琐碎的事性工作，如装裱国画，为油画制作画框，编写画展目录、标签等。而负责将从桂林七星岩岩洞内运回的书籍编成目录，制成卡片的廖静文，一有空闲，也会帮助徐悲鸿筹备画展，为他研墨、铺纸，观看他作画，成为他工作中最得力的助手。

工作之余，徐悲鸿会给廖静文讲些有关绘画和书法的知识，每一次，廖静文都听得如痴如醉。徐悲鸿悉心的教导丰富了廖静文的生活，而廖静文对知识的渴望也让徐悲鸿感到欣慰。

经过一段时间的相处，廖静文对眼前这位中国画坛大师有了更深的认识，亦越发发自内心地尊重他。虽然他在艺术界已享有崇高的地位，但却毫无架子，依旧同学生一起，住在学校的简陋宿舍里。大部分时间，徐悲鸿都过着既简单却忙碌的生活。他全身心地投入创作，除了简单的一日三餐之外，他几乎都在埋头作画，好像上足发条的钟摆，一刻也不停息；有时，他会带着学生或友人去街头小餐馆吃饭，会自己动手用抹布擦桌子，也会和周围的劳动人民热情地谈话，而他脸上洋溢着的笑容是那么真切，让人动容。

这位艺术家热爱画画、书法、音乐、戏剧等一切与艺术相关的美好事物，但又有几人知晓，他为艺术无私奉献背后所经受的无尽苦痛。如今，他孑然一身，过着孤独的生活，时常还因劳累过度，导致旧病复发，忍受着病痛的折磨。每每念及此，廖静文都会情不自禁地流下眼泪，然后立即转过头将其擦拭掉，不愿被任何人看见。

看着日渐消瘦、形单影只的徐悲鸿，廖静文感到于心不忍，甚至有些着急。于是，年纪轻轻的她开始为年长她二十八岁的徐悲鸿筹划起了将来。由于对徐悲鸿和蒋碧薇之间所发生的事情了解甚少，她时常劝说徐悲鸿应与他妻子复合，也时常关心周围人是否在为徐悲鸿介绍对象，是否成功等，但徐悲鸿总是以自己"已独自生活七年，早已习惯"为理由，将任何的可能性拒之门外。无奈，百思不得其解的廖静文只好向徐悲鸿的一位学生询问原因，并表达了自己的愿望。可是，仍无任何进展，而她自己却因受了风寒得了一场大病。

徐悲鸿在得知廖静文为了自己的事情忙前忙后并为此患了恶性疟疾后，甚为感动。于是，每日下课之后，徐悲鸿都会立即去看望卧病在床的廖静文，为她量体温、数脉搏、检查她吃药的情况，并给她讲有趣的故事和见闻，以此减少疟疾给她带来的痛苦。数十日的朝夕相对，竟使得两人之间产生了一种说不清道不明的情愫，更认定对方是上天赠送的礼物，为自己的感情世界打开了一道大门。然而，两人又不得不面对年龄差距较大、徐悲鸿亦未同蒋碧薇正式离婚的现实，因此，两人均只有暂时将感情深埋心底。

1943年春末，徐悲鸿个人画展在重庆中央图书馆正式揭幕。观众像潮水般涌来，每天达一万人次以上，观展热情甚高。此次画展的主要目的并非筹款，而是为了给战时的重庆民众以美术欣赏和精神鼓舞，因此，展出的画作中，大部分为非卖品，而且是徐悲鸿自己长期保存下来的、较为满意或具代表性的作品，比如巨幅油画《田横五百士》《徯我后》，国画《愚公移山》《九方皋》《巴人汲水》《灵鹫》等。这些画作以生动的形象、深刻的寓意，传达着对光明生活的追求和抗战必胜的信念。这批展出的国画、油画和素描作品，都达到了造型精准、用笔凝练、取舍合宜、层次丰富的境界。健蹄飞奔的骏马，引吭高歌的雄鸡，逆风飞行的小雀，不畏严霜的寒梅，迎风屹立的翠竹、苍松、古柏……这些自然界的生灵在徐悲鸿的笔下都如抒情诗篇一般，赞颂着高尚的情操，给人们以启发和深思。正因如此，这批作品吸引了不少显贵和买家，但因大部分为非卖品，大家亦只能空手而归，独留遗憾。

展览期间，一位协助国民党政府工作的美国高级将领一眼就看中了徐悲鸿的国画《灵鹫》，这是徐悲鸿当年从印度返新加坡时所作。画面描绘了几只栖息在峭拔高岩上的巨大灵鹫，整体造型严谨，笔墨雄健。明暗和光影的渲染，配以精练而流畅的勾勒，使得

灵鹫（初稿）　素描　1942年

灵鹫生机勃勃。细节部分亦十分出彩，特别是在刻画灵鹫的爪子、眼睛和嘴部特征时，极其精微与传神，猛禽的性格因此毕现无遗，跃然纸上。从其写生稿（初稿）就可看出，徐悲鸿杰出的造型能力为灵鹫图提供了其他艺术家很难企及的一种写实高度，尤其是动物姿态的塑造。而且，在成稿中，徐悲鸿创造性地以彩墨画鹫，作品在徐悲鸿浪漫、悲情的笔墨渲染下，更呈现出一种英雄颂歌式的交响曲氛围。全幅色调和谐，令人赏心悦目，过目难忘。

因为是非卖品，美国将领无缘购买此画。待到抗日战争胜利后，蒋介石为表彰这位外国将领的功勋，问他最想带什么中国礼物回美国时，这位将领几乎是脱口而出："我只想要徐悲鸿先生的《灵鹫》。" 于是，国民党政府的官员便来请求徐悲鸿出售这幅作品，当即遭到徐悲鸿的拒绝。为了完成使命，他们一次又一次以提高价钱的方式请徐悲鸿妥协，但却"屡战屡败"，仍被拒之门外。后来，这幅活灵活现的《灵鹫》便一直被徐悲鸿保留在身边，如今珍藏于徐悲鸿纪念馆中。

除了非卖品之外，剩下的一小部分可卖作品筹得的画款，徐悲鸿亦照例用于接济一些经济困难的朋友、学生以及用于购买书籍字画。源于自己年轻时的痛苦经历，无论何时何地，徐悲鸿总能为那些身处困境的年轻人着想并施以援手。同时，徐悲鸿还将这笔数目可观的画款中的一半，通过吕斯百全部转交给了蒋碧薇，作为儿女抚养费。实际上，徐悲鸿的作品虽可卖出高价，但数年以来，所有卖画所得，他都悉数捐给了祖国用以抗战，或者送给一些需要帮助的穷人，自己却长期过着艰苦的生活：住简陋宿舍，吃集体伙食，喝的是田地里的水，点的是煤油灯，他的勤俭节约是令人难以想象的。

自从徐悲鸿和蒋碧薇口头协议分开之后，蒋碧薇对于儿女抚养费的索取一次比一次"狮子大开口"，这使得徐悲鸿身边的友人和学生均为他打抱不平，但徐悲鸿每次都只是轻轻摆手示意"没关系"。从两人私奔东京到如今的分离，已是匆匆数十年。如果说，如今的蒋碧薇已不再是当年的蒋棠珍，但徐悲鸿仍旧是徐悲鸿，是那个冬天着蓝色棉袄，夏天着白布衣衫，眼神中始终充满着坚定的"江南布衣"。

展览前后和展览期间，徐悲鸿的许多学生都会自愿来会场帮忙，同时，

徐悲鸿在20世纪40年代时的留影

他们也是徐悲鸿画展最忠实的观众。平时，学生们是很难看到徐老师这样大量的作品的，于是，此刻便成了他们借鉴学习，仔细揣摩的大好时机。为了不耽误教学工作，徐悲鸿也常利用观众不能入场的清晨或晚上，将展场变为课堂，给学生们讲解一些作品的创作情况、技法、特点等，还给学生们解答这样那样的问题。

在创作与教学中，徐悲鸿依然始终如一地坚持着自己的现实主义美学主张，依然怀着强烈的责任感，认为艺术必须反映人民生活。每当他谈起19世纪俄罗斯伟大画家列宾的油画《伏尔加河纤夫》和《不期而至》，或是苏里科夫的作品《近卫军临刑的早晨》及《女贵族莫洛卓娃》之时，都会大加赞赏，认为这些现实主义的杰作所展现出来的真实不仅生动、深刻、感人，更使得其在人类绘画作品中达到至善尽美的境界。同时，徐悲鸿亦慨叹当时国内外许多画家背离生活的真实，画些让人看不懂的形式主义新派绘画；他更反对那些脱离现实，唯知抄袭古人，沦为八股的文人画。虽然复兴中国美术之路道阻且长，四周亦不乏反对之音，但对现实社会、对人民群众的关照，成为徐悲鸿在这条艰险之路上披荆斩棘的信仰，正如他自己所说："我所谓的中国美术之复兴，即师法造化，采取世界上共同的法则，以人为本，以人民的活动为艺术中心。"

在磐溪的日子，徐悲鸿在绘画方面也未有丝毫倦怠，他先后创作了《鹅闹》《跨犊儿童》《懒猫》《会狮东京》等动物题材作品。

1943年中央大学艺术系学生与徐悲鸿合影

跨犊儿童　中国画　1943年

懒猫　中国画　1943年

　　徐悲鸿爱猫，在家中豢养了数只。也爱画猫，数千来画了不少关于猫的作品，而以此幅最广为流传。《懒猫》刻画了两只正在休憩的猫。一只缩成一团，一副酣睡恣意之态，动作与神态皆惟妙惟肖栩栩如生；另一只正伸懒腰，一副刚睡醒的自得样子。它的长尾看似以墨笔一抹而成，但妙在既能让人看出中间有骨支撑，却又不乏松柔之感。整幅作品将猫的特质表现得淋漓尽致，两只懒猫跃然纸上，让人爱不释手。

三鹅　中国画　1939年

鹅闹　中国画　1942年

　　徐悲鸿笔下的马不可方物，实际上，他画鹅的功力亦极佳。《日长如小年》（1931）、《三鹅》（1931）和《鹅闹》（1942）均为他在画鹅题材方面的传世名作，其中，以《鹅闹》最为别致。

　　此画构图清新别致，打破了"线描填彩"的束缚，一反中国画大部分留白的习俗，全纸着色却不艳俗。鹅毛轻软、洁白，用笔恣肆而状物精微。在重视色彩的同时，徐悲鸿依旧保留了中国画的笔墨韵致，用水墨表现空间氛围和质感，而这种充满探索与创新的尝试使观者大有身临其境之感，仿佛能于画中听到群鹅之声。

会狮东京（素描稿）

会狮东京　中国画　1943年

除了画鹅，徐悲鸿绘制的狮子也是独步古今。尤其在《会狮东京》中，徐悲鸿以简单的笔墨、粗犷的线条，寥寥数笔，便勾勒出三只雄狮、一只母狮、两只雏狮聚于山头，遥望远方的情景。静中有动、动中寓静、气势惊人。整个画面也在以写实主义为艺术特征的精神脉络下，呈现出超然物外、静籁简洁但又充满激情的精神风貌。可谓情义满纸，感人至深。

　　可以说，徐悲鸿在这一时期的动物题材作品中，将借物言志的风格和手段运用到了炉火纯青的境界。而他作品中所表现的"真实"与情义，已经彰显出"气韵生动""天人合一""物我合一"的中国最高美学和文化精神，成为至真至善的代表。

　　1943年7月，徐悲鸿结束了中央大学那年下半期的教学课程，决定趁着暑假带中国美术学院筹备处的人去灌县和青城山写生作画。同行的还有廖静文、郁风、康寿山，除此之外，蒋碧薇送来了徐悲鸿已是初中学生的儿子徐伯阳和女儿徐丽丽，希望徐悲鸿带他们一同共度暑假，徐悲鸿亦爽快应允。一行人从重庆出发，乘汽车由公路直达成都。

　　抵达成都后，廖静文立即报考了燕京大学新闻系和金陵女子文理学院化学系。徐悲鸿一行人特意留在成都几天，陪同廖静文考完试后，才一同赴灌县。在游览了两千多年前李冰父子率领民工修筑的都江堰水利工程和纪念李冰父子的"二王庙"后，为表达对李冰父子的景仰，徐悲鸿当即捐款两万元，以助维修庙宇之用。随后他们登上了青城山。青城山群峰环绕起伏、林木葱茏幽翠，素有"青城天下幽"的美誉。沿着古色古香的青城山道前行，一行人很快到达了目的地，并下榻天师洞，相传东汉末年张道陵曾在此讲经传道。此地三面环山，一面临涧，古树参天，十分幽静。

　　在这里，徐悲鸿独居一室作画，先后画了屈原《九歌》①中的插图——《国殇》《山鬼》《湘君》《湘夫人》《东皇太一》《云中君》等，又将《国殇》与

---

　　①　《九歌》是《楚辞》篇名，原为传说中的一种远古歌曲的名称，一般认为是战国楚人屈原根据民间祭神乐歌改作加工而成，诗中创造了大量神的形象，大多是人神恋歌。共十篇：《东皇太一》《云中君》《湘君》《湘夫人》《大司命》《少司命》《东君》《河伯》《山鬼》《国殇》（包含《礼魂》）。多数篇章皆描写神灵间的眷恋，表现出深切的思念或所求未遂的伤感，而《国殇》一篇，则是悼念和颂赞为楚国而战死的将士。

青城山道中　油画　1943年

紫气东来　中国画　1943年

　　《山鬼》画成了大幅国画。早在桂林之时，徐悲鸿就已经开始构思创作《国殇》（《九歌》第十首）。这幅作品描绘了在短兵相接的激战中为国捐躯的战士形象。画家的悲怆之情皆溢于画外，以古喻今，显示出他对民族沉沦的忧心如焚，以及对抗战忠烈们的无比哀思和祭奠。

　　《山鬼》则出自《九歌》中的第九首祭歌，讲述了传说中的巫山女神的故事（因未获天帝正式册封在正神之列，故仍称"山鬼"）。这位美丽多情的山鬼，在深山中与公子幽会后，时常在同一地点急切等待，然而公子迟迟未能再次到来，使她感到疑惑惆怅。屈原采用山鬼内心独白的方式，将幻想

山鬼 中国画 1943年

与现实交织在一起，表达了女神思慕恋人的苦况和对待爱情的忠贞。而山鬼的鲜明形象，亦吸引了自古以来的无数画家为她泼墨挥毫：北宋画家张敦礼在《九歌图》的创作中着重晕染，通过墨色变化凸显出人物山鬼的质感；张大千《九歌图册》中的山鬼形象更加具象，用笔更为细腻，整幅画作更倾向于摹画一种烟雨蒙蒙、温润寥廓的氛围；傅抱石则创作了多幅有关山鬼形象的作品，其中，于1945年所作之《山鬼》尤其出色。此画强调祭歌的特色，竭力发挥水墨功能，将山鬼周遭若光、若雾、若晴、若明的幽隐氛围描绘得淋漓尽致，营造出一种鬼魅迷离的世界。

与这几位画家的山鬼相比，徐悲鸿的《山鬼》可算最为独特，而它的独一无二恰恰来自它所体现出的现实感。徐悲鸿匠心独运且极为大胆地使用一个骑在老虎身上的全裸少女来演绎山鬼的形象。少女和老虎均十分生动，无论是动作、线条还是神态，均无可挑剔。画面无远景，背景是由近处的山石和藤蔓组成，使得人物更加鲜明突出。由此可见，徐悲鸿的《山鬼》并不在于强调叙事氛围的淋漓渲染，而是情景的瞬间表达。它的画面静寂而匆忙，强劲的深褐色（老虎）与柔嫩的粉红色（少女），明艳的翠绿色（植被）与坚硬的黑灰色（垂岩），皆形成强烈对比，亦表现出人与大自然既对抗又融合的关系，使人感到所绘之形象是如此真切鲜活，仿佛就在我们的面前，触手可及。经由充满生命力的《山鬼》，徐悲鸿亦完成了一次华丽转身，他不仅在对美术事业的坚持上继续"独持偏见，一意孤行"，对情感的坚持亦将如此。

与此同时，同来的画家们也都在努力创作，除了在青城山写生，一行人也时常到灌县附近赶集，画少数民族人物和熙熙攘攘的集市风光。

暑期即将结束，一行人从青城山下来，在灌县停留了一日，便乘公车回到了成都。廖静文因收到金陵女子文理学院的录取通知书去报到入学，徐悲鸿则开始筹备即将在成都举办的个人画展，两人均开始了各自的忙碌，每逢星期天，才有机会见面，于是，每一个周日就成了两人最期盼最欢喜的时光。

1943年9月，徐悲鸿在成都的画展揭幕了。他的油画《田横五百士》及国画《愚公移山》《九方皋》《巴人汲水》《巴之贫妇》《风雨鸡鸣》《漓江春雨》等，使观众受到强烈的艺术感染，在成都美术界产生了极大的反响。画展一结束，徐悲鸿就收到了蒋碧薇索要抚养费的来信，于是，他将这次画展卖画所得的一半款项，又全数送到了蒋碧薇手上，剩下的一半则捐献了一部分用以救济贫病的文化人士。

在成都的日子，徐悲鸿与廖静文利用周日的时间一同游览了很多地方，其中，徐悲鸿尤爱杜甫草堂，当然，这和徐悲鸿非常喜爱杜诗有关，他还曾画过多幅《少陵诗意》的国画。置身于草堂之中，徐悲鸿深有感触：正如诗人一生坎坷，杜甫草堂也历尽沧桑变迁，几度倾颓，又几度修葺，如今，它依然将杜甫的精神和诗作的韵味留存，而人民亦始终纪念着他。此外，徐、廖二人还数次回到青城山，在那幽静安宁的环境中呼吸着只属于他们两人的自由的空气。

1943年，徐悲鸿与廖静文摄于四川青城山

这些短暂的时光带给徐悲鸿和廖静文无数的快乐，以至于数年之后，当廖静文回忆这段日子时，依旧会面带微笑地形容道："就像是羽毛丰满了的雏燕，在广阔无云的万里晴空飞翔一样。"

这一时期，徐悲鸿亦满怀深情地为廖静文画了几幅肖像画。在最广为流传的两幅《徐夫人像》中，徐悲鸿"以形写神"，将他对廖静文的真挚情愫融入对人物的刻画中，神形兼备，至真至美，使观者无不为之动容。

徐夫人像　素描　1943 年

　　此幅素描作品造型准确而结实，人物呼之欲出，动态新奇，质感和空间感随着光线的明暗自然显现，并将人物内在的精神气质凸显而出。

徐夫人像　油画　1943 年

　　《徐夫人像》以蓝衣、竹椅造就画面的中国文化氛围，对徐夫人面部的刻画极其精致，尤其是眼睛表现出聪慧娴雅的内心气质，而对手的刻画也形成了画面的第二表情和语言中心，加强了画家对人物性格的展现。特别采用的浓重的背景环境，与面部和手部的深入刻画相得益彰，既突出了人物主体，又呈现出素朴深厚的中国文化内涵和艺术情趣，实属徐悲鸿肖像画中的精品之作。

不久之后，因重庆尚有很多紧急的工作需处理，徐悲鸿不得不回去了。他一面忙着整理行李，一面还要赶画一些画，以满足成都一些向他求画的朋友的需求。不料，过度的忙碌使他又病倒了，先是发冷、头晕，随之高烧，血压也极速升高。得知此消息后，廖静文立即向学校请假，赶忙奔赴徐悲鸿所住之地，以便第一时间守候在其身旁给予照顾。虽然服药、打针后，徐悲鸿高烧渐退，但身体还未完全康复的他仍急于返回重庆。

为了可以陪伴照顾徐悲鸿，廖静文在反复思量之后，不顾徐悲鸿的强烈反对，选择从金陵女子文理学院辍学，与徐悲鸿一同返回重庆，而且做出了一个长久以来她都不敢面对的决定：尽快与徐悲鸿结婚，以便给他一个真正意义上的家。

很快，廖静文为陪同徐悲鸿回重庆而辍学的消息传到了蒋碧薇的耳朵里，她立即给廖静文的父亲写了多封书信，强调她同徐悲鸿并未正式离婚的事实，并表明自己绝不会妥协与离婚。为此，徐、廖的关系又遭到了来自徐家的强烈干涉。廖静文决定亲赴贵阳一趟，当面向自己的父亲、姐姐说明情况，以便求得谅解和支持。待到寒假，徐悲鸿也将赶往贵阳，亲自向廖静文的家人作出解释。

一回到重庆，徐悲鸿便马不停蹄地投入工作当中，他争分夺秒，以便能赶在寒假之时与廖静文相聚。于百忙之中，他还创作出了两幅杰作，一幅是《梅花》，另一幅为《立马》。

徐悲鸿在继承传统绘画的基础上把欧洲古典现实主义的技法融入国画创作中，创制了富有时代感的新国画。《梅花》中梅花的清淡洁白和轻巧细小与枝干的浓墨重彩和粗壮形成强烈的对比。同时，枝干穿插自然，姿态奇崛恣意，更使作品所要表达的孤傲、清气、高洁之意境格外彰显，独具气韵。

《立马》则让我们看到，经过千锤百炼后，徐悲鸿画的马已成为他绘画艺术的标志之一。立马虽不似奔马有气势惊人的动态效果，但它昂立天地间、马鬃飞扬的状态仍旧给人以 "静中有动"之感。在这幅作品中，徐悲鸿用笔淋漓潇洒，构图细致精准，不仅从外形显出立马的神骏与壮美，更从内在的精神实质表现出立马的驯良、坚毅、忠诚等性格特征。

梅花　中国画　1943年

疎影

卅三年始裘寫写

静之清賞

悲鴻時届

中國美術學

院画戒而有極

赴烈之学梅

重慶磐溪

保衛戰

立马 中国画 1943年

实际上，徐悲鸿所绘之马，无论奔马、立马、走马、饮马、群马，都被赋予了旺盛的生命力，给当时的中国画坛带来了清新、有力、刚劲的气息。同时，徐悲鸿将传统笔墨的轻重、疾徐、枯湿、浓淡、疏密、聚散的节奏韵律，与笔墨写生、写实的造型性巧妙地合而为一，这也标志着中西融合的艺术理论和理想在创作实践中的最高成就。徐悲鸿借马抒情，寄托他忧国忧民的爱国情怀，借马喻人，更传达出中华儿女励精图治的奋斗精神。因此，在那特殊的年代，徐悲鸿的马，就像是带着时代的风雷驰骋在画坛上，生发出勃勃朝气，给人以向上的力量。而徐悲鸿亦始终如一地用他的精神和作品支持着中国人民渡过黑暗、走向胜利。

1943年除夕夜，廖静文同她的家人一起等待着徐悲鸿的到来，但他却迟迟未出现。正当廖静文几乎绝望的时候，门外突然传来了一阵有节奏的叩门声，徐悲鸿如约赶来了。原来，在来的路上，因交通工具不断抛锚，徐悲鸿不得不从离贵阳还有四十华里的地方，在雨夜里独自步行而来，以至于当他出现在廖静文家中时，身上的蓝布棉袍早已布满泥浆，变成了深褐色。

徐悲鸿此举深深打动了廖静文的家人，也让他们认定两人之间确实有着真正的感情。为表诚意，徐悲鸿不久之后便在贵阳《中央日报》上正式刊登了一则声明："悲鸿与蒋碧薇女士因意志不合，断绝同居关系，已历八年。中经亲友调解，蒋女士坚持己见，破镜已难重圆。此后悲鸿一切，与蒋女士毫不相涉。兹恐社会未尽深知，特此声明。" 三天之后，也就是1944年2月12日，徐悲鸿再登启事，宣布与廖静文正式订婚："徐悲鸿廖静文在筑订婚，敬告亲友。" 终于两人的关系正式确立了。

订婚后，徐悲鸿立即回到重庆继续处理学校的事务，廖静文则留在贵阳。1944年初夏，廖静文也回到了重庆，二人得以团聚并准备结婚。同时，蒋碧薇也正式提出了可办理离婚手续的要求，只不过，这个要求却带着一些极为苛刻的条件：她向徐悲鸿索取现款一百万元，古画四十幅，徐悲鸿的作品一百幅，作为她今后的生活费。此外，还须将每月收入的一半交给她，作为儿女抚养费。当徐悲鸿将上述物件全部交与蒋碧薇时，离婚手续即生效。

尽管律师一再告诉徐悲鸿，除了抚养费之外，其他的无理要求均可不予理睬，但徐悲鸿最终却决定履行这个苛刻条约，并在日后竭尽所能地满足蒋碧薇的愿望。

为了尽快筹到一百万元巨款和一百幅画作，徐悲鸿又开始了一面教课、一面作画的高压生活。日以继夜一段时间之后，他终于完成了第一批画作——将近五十幅国画，通过吕斯百送交蒋碧薇。此外，还有四十幅徐悲鸿历尽艰辛收藏的古画，其中包括蒋碧薇点名索要的任伯年的杰作《九老图》，这亦是徐悲鸿视为珍宝的画作，可如今，唯有忍痛割爱，连同现款二十万一同送去。

此时，抗日战争仍处于艰苦和危险的阶段。长沙沦陷，报载衡阳也告急。从衡阳至桂林有铁路可达，因此桂林也将不保。听闻此消息，想到自己全部存物都放在桂林七星岩岩洞，徐悲鸿自然焦急万分。他立即嘱托当时在桂林教书的张安治和在黔桂铁路工作的黄养辉，紧急将数十箱书画从桂林七星岩岩洞抢救出来运至贵阳存放。

1944年，徐悲鸿又有杰作《日暮倚修竹》《月色》《飞鹰》等相继问世。除了创作出满意的作品，更令徐悲鸿欢喜的是得到了一个极其意外的好消息。原来，中央大学艺术系的学生卢荫寰从成都给徐悲鸿来信说，她通过她丈夫的朋友介绍，去到一位不相识的人家里，见到了一幅古代人物画卷，竟和徐悲鸿遗失的那幅《八十七神仙卷》完全相同。

日暮倚修竹 中国画 1944年

此作品表现了杜甫的诗句"天寒翠袖薄，日暮倚修竹"中的情景：一位高洁女子处在寂寞贫穷之中，薄衣挡不住寒冷和世俗的偏见。画面色彩冷清朴素，全画只在人物鼻嘴处略微用了一点淡淡的暖色——赭色，面部颜色的白皙使人物与环境融为一体，更彰显出一派诗意。

月色　中国画　1944年

飞鹰　中国画　1944年

　　画中翔翔的苍鹰眼睛晶莹剔透、犀利明亮，正俯视前方，似乎在搜寻猎物。徐悲鸿利用大笔的皴擦、提顿，逼真地描绘出飞鹰苍劲巨大的羽翼。重墨和灰墨的变化表现出飞鹰身体的质感。而几朵淡云的勾勒则丰富了画面，起到了很好的衬托作用。全画墨色淋漓，用笔豪放，显示出了徐悲鸿在中国画创作中追求的苍茫、高古、雄强之意趣，给人以翱翔天空的力量。可以说，徐悲鸿此时将内心所有的期盼与渴望全都融入了画中，情真意切，让人振奋与感动。

20世纪40年代徐悲鸿创作《飞鹰》图

　　徐悲鸿见信后大为惊喜，立即又投入不眠不休的创作之中以筹款买画，几经辗转，最后托人赴成都以高价购回了《八十七神仙卷》。珍宝回归，徐悲鸿自然甚为激动。他战抖着将画卷展开，虽然画面上那"悲鸿生命"的印章已被挖去，题跋也被割掉，但他依然难掩喜悦之情，当即作诗一首："得见神仙一面难，况与伴侣尽情看。人生总是荸菲味，换到金丹凡骨安。"

　　四年之后，徐悲鸿又将《八十七神仙卷》重新装裱，请张大千先生和谢稚柳先生写了跋。张大千写道："悲鸿道兄所藏《八十七神仙卷》，十二年前，予获观于白门，当时咨嗟叹赏，以为非唐人不能为，悲鸿何幸得此至宝。抗战既起，予自故都避难还蜀，因为敦煌之行，揣摩石室六朝隋唐之笔，则悲鸿所收画卷，乃与晓唐壁画同风，予昔所言，益足征信。" 谢稚柳写道："悲鸿道兄所藏《八十七神仙卷》，十二年前见之于白门，旋悲鸿携往海外，乍归国门，骤失于昆明，大索不获，悲鸿每为之道及，以为性命可轻，此图不可复得，越一载，不期复得之于成都，故物重归，出自意表，谢傅折屐，良喻其情。" 至此，徐悲鸿与《八十七神仙卷》的人画之缘，总算有了一个圆满的结局。

1944年暑假，因酷暑难耐，徐悲鸿在廖静文的陪同下到远郊凉风垭一位朋友杨德纯先生的家中避暑。在杨先生那座树木掩映、环境清幽的别墅里，他日夜不停地作画。虽然有廖静文从旁分担他的辛苦，为他磨墨铺纸，但为了尽快筹足蒋碧薇索要的巨款和几十幅画，徐悲鸿长期神经紧张，不眠不休，终因高血压和慢性肾炎导致脚踝及小腿严重浮肿，并随时伴有脑溢血的危险。

病来如山倒，徐悲鸿不得不住进重庆市的中央医院治疗休养。在向医生谈及病史时，他回忆道：1942年丢失《八十七神仙卷》时，他曾三天三夜食不下咽、夜不成眠。那次沉重的打击，使他落下了高血压的病根。至于肾炎，30年代在南京时，有一位医生就给他检查出了肾脏摄护腺炎症，但之后的多年一直东奔西走，忙于创作、教学、办展，也无暇顾及。在新加坡时，由于筹赈画展作画过度劳累，曾经腰痛得直不起来，肠疼挛症也常常来袭。经年的体力透支，使他的健康状况每况愈下，以至于到了现在如此严重的程度。

这次生病，因病情反复，徐悲鸿在半年时间里经历了住院、出院、再入院，甚至好几次都已徘徊在了生死边缘。治病需耗费大量钱财，但徐悲鸿的手里向来留不住钱。时常，卖画的钱刚到手，他就立刻拿去购买书籍字画，或接济贫困的学生和朋友。况且不久前还因赎回《八十七神仙卷》花费了二十万元。至于他的薪金，从他进医院的那一天起便停发了，后来廖静文才知道，这是由于吕斯百擅自将徐悲鸿的薪金按月领出来直接交给了蒋碧薇。因此，徐悲鸿最后一次住院的医疗花销，是廖静文千辛万苦才凑齐的。

但无论情况如何艰难，廖静文都一直照顾、陪伴着徐悲鸿，不离不弃，其间的辛劳与拮据自不必说。幸而在一些朋友和学生的帮助下，她与徐悲鸿渡过了一个又一个难关。终于，在1944年冬日的一天，医生允许徐悲鸿出院回家疗养。徐悲鸿与廖静文怀着重新获得幸福的心情回到了磐溪，回到了石家祠堂那所简陋的木板楼房里。

出院之后，徐悲鸿的身体十分虚弱，仍不能工作。他时而卧床，时而躺在躺椅上，廖静文便在床边不断地为他念报纸、读杂志，并按时给他服药。

1945年2月，陪都重庆依然春寒料峭，徐悲鸿的病情时好时坏。月初的一天，郭沫若特意从市区来到磐溪石家祠堂，探望养病中的徐悲鸿。老朋友相见，徐悲鸿亦格外开心。郭沫若亲切地对徐悲鸿说："周恩来先生嘱咐我转达他的问候，他实在太忙，不能亲自来看你。他还从延安带回了红枣和小米，托我转赠给你。"徐悲鸿打开纸包，拨弄着红艳艳的枣子和黄灿灿的小米，苍白的脸上泛起了容光，感激地对郭沫若说道："请你代我向周恩来先生致谢。你也不辞路远亲自送来，真叫我受之有愧。"

随后，两人围着小炭盆坐下并愉快地交谈起来。郭沫若仔细询问了徐悲鸿的病情，之后，两人又谈起文化艺术界的现状，谈起了当前的时局。你一言我一语，滔滔不绝，相谈甚欢。话锋转至民族大势时，他们对国家前途都深表担忧，但同时也对未来持乐观的态度。当两人谈及希望组成一个有中国共产党参加、更利于抗战的民主联合政府时，郭沫若从衣袋里掏出了一份自己起草的文稿给徐悲鸿看，题目是《陪都文化界对时局进言》。徐悲鸿急切而激动地读完了这份进言，精神为之一振。随即，他和廖静文双双毫不犹豫地在上面签下了自己的名字。后来，重庆《新华日报》与《新蜀报》在1945年2月20日均刊登了这篇包含了三百一十二人签名的进言，震动很大，更触怒了国民党当局。国民党不断威胁催逼签名者，但徐悲鸿和廖静文却由始至终也从未撤回签名。

其时，著名画家赵少昂、留法油画家常书鸿、著名美术史家常任侠、年轻有为的雕塑家傅天仇，以及美术界许多朋友们都十分关切徐悲鸿的身体状况，相继来磐溪看望徐悲鸿。为了让徐悲鸿安心休养，中央大学艺术系特聘傅抱石、谢稚柳、黄君璧、陈之佛、李瑞年、秦宣夫、黄显之等画家前来授课。谢稚柳与陈之佛都是卓越的工笔花鸟画家，黄君璧是著名的山水画家，秦宣夫、黄显之也是扎实磨炼且勇于探索创新的画家。此外，还有青年教师艾中信、曾宪七、谭勇，都是才华横溢、创作颇丰的后起之秀。这批老师的绘画才华与认真负责的态度暂时解除了徐悲鸿的后顾之忧，使他不需要考虑太多学校的事务，静心养病。

天气日渐转暖，徐悲鸿的体力也逐渐恢复。虽然高血压与慢性肾病尚未痊愈，但他已经可以在廖静文的陪同下开始到户外活动，并渐渐地可以独自走动了。于是，他开始尝试每周到中央大学上两到三次课，课余也稍作一些国画。随着身体状况的好转，徐悲鸿的生活与工作也逐渐回到了正轨。这时，他派人去贵阳，将此前从桂林抢救出来的四十多箱书画运回了磐溪。

　　1945年8月14日，一个振奋人心的消息传到了磐溪，日本帝国主义无条件投降，八年全面抗战胜利了！

　　中国美术学院筹备处沉浸在巨大的喜悦之中，大家热烈地欢呼着、跳跃着，徐悲鸿也异常快乐地和学生们、朋友们一起庆祝。此时，年过半百的他，已鬓如霜、背微驼，而且数年来病痛的折磨已让他显露出与实际年龄不符的状态。虽然病体尚未痊愈，但胜利的消息还是让他精神焕发、笑逐颜开。

　　回溯这漫长又艰苦的八年抗战岁月，孩子们在灾难中长大成人，中年人在奔逃中日渐衰老，老人们在煎熬中奄奄一息。这场充满着炮火与杀戮的侵略战争，让千千万万无辜善良的百姓流离失所，让曾经美丽的家园化为废墟，让无数的妻子永别了丈夫，让无数的母亲痛失了儿女……如今，噩梦终于醒来。在这刻骨铭心的时刻，大家共同许下了一个美好的愿望，那便是：愿战争远离世间，愿人民幸福安乐。

　　这一年的最后一天，也就是1945年12月31日，由沈钧儒律师到场作证，徐悲鸿与蒋碧薇终于在重庆正式签字离婚。他们最后协定：儿女跟随蒋碧薇生活，并由徐悲鸿每月支付共四万元抚养费。除开之前已付的二十万元现款、四十幅古画和五十幅作品，徐悲鸿当场又送给蒋碧薇国币一百万元以及国画一百幅。同时，他还将在法国留学时所作的油画《琴课》也一并带去送给了她，以作留念。事实上，蒋碧薇也十分喜爱这幅描绘她在巴黎时练习小提琴的油画，那是往昔岁月的见证。至此，两人二十多年交织着蜜意、激情、争执、冷漠、绝情的悲喜剧终于落下了帷幕。此后，蒋碧薇只身去了台湾，并与张道藩保持了三十余年的恋人关系，但始终未再步入婚姻的殿堂。

　　1946年1月14日，徐悲鸿和廖静文在重庆中苏文化协会正式举行了婚礼，由郭沫若和沈钧儒证婚。徐悲鸿的许多朋友和学生都来参加了他们的婚礼，场面十分热闹。郭沫若还写了一首诗道贺："嘉陵江水碧于茶，松竹青青胜似花。别是一番新气象，磐溪风月画人家。" 在经过无数挫折、痛苦、灾难、斗争之后，廖静文和徐悲鸿的命运终于真正地结合在了一起，并且至死不渝。

从这一天起，徐悲鸿拥有了一个他期盼多时的家。这个家虽然简陋，但却充满了温馨和幸福。廖静文依旧每日为徐悲鸿研墨、铺纸，看他作画，听他讲话，并料理了所有的家事。而徐悲鸿为表达自己对这位妻子的谢意和爱意，在他许多已完成的画作上都题写了"静文爱妻保存"的字迹。对一位画家来说，"保存"二字，既是一种信任，更是一种无私的大爱，令人感佩不已。紧接着，两人恢复了晚饭后散步的习惯，在一大片一大片明媚晚霞的映照下，他们婚后的日子有如梦境一般甜蜜与温馨。随后，徐悲鸿去中央大学教课的时间逐渐增多起来，虽然他的高血压并未痊愈，却又慢慢开始了一连几小时在教室里教课的生活。

一时之间，家国命运和家庭生活都有了宛若新生的转机。沐浴在久违的家的温暖之中，徐悲鸿甚是欣慰与感恩。不料，正当全国人民为赢得抗日战争的胜利而欢欣鼓舞之时，阴云又一次笼罩在中国的上空。虽然国共两党领袖蒋介石与毛泽东在抗战胜利后于重庆举杯致意，签订了《政府与中共代表会谈纪要》以避免内战，但最终未能就共产党政权及军队的合法性达成共识，不久后，国民党为实行独裁统治，发动了一场规模浩大的国共内战。

进步的学生们首先冲上街头，举行示威游行，向国民党政府呼吁："要民主！要和平！"而在徐悲鸿所执教的中央大学艺术系，进步的学生也卷入了这一股革命洪流。他们组织了"野马社"，用漫画作为战斗武器，揭露国民党假和平、真内战的罪恶阴谋。这些漫画在游行队伍中起了极大的鼓动、宣传作用，有力地传播着人民"反对独裁、争取民主，反对内战、争取和平"的革命主张。

1946年3月初，徐悲鸿到中央大学艺术系教课时，"野马社"的几个学生将他们编绘的"一·二五"运动纪念画集送给他看。在系办公室里，徐悲鸿手捧画集，一页一页地仔细翻看。当他看到"全国各党各派团结一致建设新中国"和"保证人民的各项权利"的画页时，兴奋而赞许地连连点头。

当徐悲鸿得知"野马社"在不久之前收到三青团分子的恐吓信被胁迫立即停刊，连壁报也被暴徒撕毁的消息时，感到非常气愤。他立即叫学生们拿来笔墨纸砚，奋笔作画，很快便完成了一幅四蹄腾跃、长鬃飘拂的奔马图。他在画上题词道："直须此世非长夜，漠漠穷荒有尽头。卅五年初春为野马社作。" 而徐悲鸿也正是想以这匹奋勇向前的奔马，勉励学生们昂首阔步，为祖国的美好未来勇敢战斗。围在他身边的学生们备受鼓舞，他们热烈鼓掌、欢笑，霎时，一颗颗年轻的心感到了抚慰和温暖，一个个年轻的生命肩负起了责任与希望。

内战爆发后，重庆街头更加熙熙攘攘了。很多人当街摆起了地摊，拍卖自己的衣物，为返回家园做着准备。国民党政府的接收大员早已一批一批地飞走了，其中不少人还曾到沦陷区去搜刮民财，以饱私囊。紧接着，人们陆陆续续离开了这里，一些政府机关也开始迁走。由重庆至南京的长江客轮来回穿梭，载满了那些归心似箭、惦念故园的人。但此时，想要购得一张去往南京或者上海的船票，却是难于登天。

1946年5月的一天，田汉邀请徐悲鸿和廖静文进城去观看抗敌演剧第四队的汇报演出。那些以抗战为主题的话剧、歌曲、民间舞蹈以及美术资料联展，以丰富的内容和动人的情感让徐悲鸿深受震动。5月27日，徐悲鸿在重庆《大公晚报》发表文章《民族艺术新型之剧宣四队》，文中热烈地称赞演剧队"是一首伟大而壮烈的史诗"，队员们"克服一切艰难困苦之环境，历时既久，使个个如锻炼成之纯钢，光芒四射"，在长达八年的抗战岁月中"行经地方之广，演出场次之多，受感动人数之众，为其他艺术所不能比拟"。

那时，徐悲鸿的学生冯法祀也是剧宣四队的一名队员。他陪同徐悲鸿和廖静文一同观看了剧宣四队的美术作品和资料展览。其中，也有他自己的作品，如油画《木瓜树》《捉虱子》，炭精画《黔桂路上拉钢板桩》《铁工厂》，抗日前线素描《余烬》《回龙山》等，均真实地反映了抗敌演剧队艰苦火热的战地宣传演出生活，并成为那段感人却鲜为人知的历史时期的重要记录、表现和佐证。对此，徐悲鸿不仅深感欣慰，更由衷地为自己的学生感到骄傲与自豪。

在抗战胜利后的那些日子里，徐悲鸿和廖静文还去重庆市区参观了李流丹先生的木刻展览，陈树人先生、宋步云先生的画展等。李流丹善用不同的章法和刀法，刻画祖国山川的艰险、壮丽、雄劲，徐悲鸿还为他的木刻版画集撰写序言道："流丹君在抗战中自南洋归来重庆，研精艺事，尤致力木刊，不遗余力。所作陪都风景与嘉陵江上生活，皆精妙独绝；更注意大江交通，如三峡两岸，雄峻岩壁，皆为留真；令人想见玉露凋伤枫树林，巫山萧森之气。可谓艺术上之重大收获也。"陈树人则得益于徐悲鸿的鼓励和劝告，在担任国民党政府中央侨务委员会委员长的公职之余坚持作画。他的作品丰富多彩，题材广泛，富有岭南派特色，尤以花鸟画取胜。宋步云笔下的重庆风景，色彩协调，雾气迷蒙，颇有诗意。当时，徐悲鸿还特意购藏了他的两幅水彩画。这些上乘的艺术作品，让徐悲鸿暂时从忧国忧民的情愫中脱离出来，他的心似乎获得了片刻的宁静。

盛夏的一天，徐悲鸿和廖静文一同进城去看望了李济深先生。徐悲鸿一直非常感激他在抗战时期桂林危急之际，拨款帮助自己运出了大批书画和收藏，使它们幸免于炮火，为国家抢救和保存了一批珍贵的艺术品。寒暄以后，李济深说他将于次日乘民生公司的"民联轮"去南京，并表示还有两张多余的船票，若徐悲鸿二人需要，可以送给他们。由于当时要得到一张船票实属不易，徐悲鸿便立刻接受了赠予，决定次日搭乘"民联轮"与李济深先生一同离开重庆。

徐、廖二人急忙返回磐溪，匆匆收拾行装。在四十多箱书画中，徐悲鸿挑选出了其中最重要的一部分，装在一只

20 世纪 30 年代徐悲鸿（右）与李济深（左）合影

长达三米的大铁箱和几只樟木箱之中，准备随身携带。这些画箱中不仅有他自己的重要作品，还有他的珍藏，均是被他视为生命的珍品。其余的箱子，则留给中国美术学院筹备处的工作人员暂为保管，等安定以后再运往南京。

当天夜里，中国美术学院筹备处的人聚在一起，大家坐在筹备处楼前一块平地上，依依话别。翌日清晨，徐悲鸿与廖静文便正式向磐溪道别了。临走之前，徐悲鸿最后回望了一眼嘉陵江边石家祠的中国美术学院筹备处，那两幢简陋的木板楼房依然高高地矗立在山坡之上——那里，曾寄托着他复兴中国美术的夙愿，如今前路依然漫漫，更须不忘初心。

挥手告别了送行的人群后，"民联轮"也驶出了重庆的码头。7月的山城酷热难耐，轮船上更是拥挤不堪，连甲板上都睡着密密麻麻的人，找不到一点缝隙。轮船渐行渐远，远处的重庆也好似一幅水墨画，渐渐隐没在灰蒙蒙的雾气中。

此时，廖静文已怀孕六个月，徐悲鸿全程在她身边小心翼翼地照料着，生怕人群的拥挤会不经意碰撞到她。夫妻二人的生活虽充满了新的喜悦，但同时，也有了未知的挑战。徐悲鸿望着依偎在他怀里熟睡的妻子，慢慢地陷入了沉思：从1937年底来到重庆，到1946年夏季离开，他进进出出这座多雾的山城竟有八年半之久。这八年半不仅是中国人民最艰苦的抗战时期，亦是他自己艺术生涯最为艰难、创作最为旺盛的时期，而这段时光既见证了中国人民的不懈抗争，也浸透着他个人的悲欢离合。有幸的是，于这段时光的结尾处，有了身旁的妻子相依相伴。

奔腾不息的长江穿越了四川、湖北、湖南、江西、安徽而进入江苏，最终疲乏地把他们送到了南京。当时，国民党政府虽已迁回南京，但市容萧条，街巷冷落，仍残留着战后创伤的累累痕迹。他们在南京住了一个月，携手一同游览了玄武湖、灵谷寺，也去瞻仰了中山陵，缅怀了孙中山先生的丰功伟绩。之后，两人转赴上海，在那里，徐悲鸿带着廖静文拜访了许多他的老朋友。

1946年夏秋之交，徐悲鸿接到了国民政府教育部的邀请，要他出任国立北平艺术专科学校校长一职。于是，夫妻二人由上海出发，又踏上了北上的旅途。

庭院　油画　1942年

月光如水　中国画　1942 年

　　如同《桂林风景》一样，在《月光如水》中，徐悲鸿将西方绘画中的光影融入国画中，大胆创新。寥寥数笔，便将月色的清幽展现无遗，写实之余，又不乏意境。

李印泉像　中国画　1943 年

　　李印泉即李根源，字印泉，近代名士、国民党元老。在此幅作品中，徐悲鸿运用西方素描染法勾画人物面部，深入细致，结构准确，形象生动。人物的衣纹则使用传统白描法，以线造型，用笔简练、概括，笔法类似任伯年。画家把这两者进行有机结合，创人物画之新风，对后世影响极大。

宋人匹马长啸词意图　中国画　1942年

银杏树 油画 1943年

玉簪花 油画 1943年

第九章 ＼ 振翅高飞 鸿雁鸣

1946年7月31日，徐悲鸿和廖静文到达北平。

北平艺术专科学校位于东总布胡同十号，校舍虽极为狭窄，但灰色的砖砌楼房却显得格外朴实而安静。徐悲鸿这位艺术大师的到来，顿时为学校平添了生气。学生们沸腾起来，墙上贴满了欢迎徐悲鸿的标语，欢歌笑语之中更难掩对新校长的期待和希望。

徐悲鸿就任后的头等要事，便是建立高水准的师资团队。赴北平之前，他就致信吴作人，诚聘其为教务长，信中写道："教务主任职，非弟莫属。务希允就，千祈勿却。"随后，他又致信冯法祀，聘请其担任油画系教授，并对冯法祀说："我准备办一所左派学校。"除此之外，他还聘请了一批在艺术上卓有成就、思想上进步开明的画家来校担任教职，如李苦禅、叶浅予、李桦、艾中信、李可染、董希文、李斛、周令钊、李瑞年、戴泽、韦启美、梁玉龙、王临乙、滑田友等人。同时，德高望重的老艺术家齐白石先生和黄宾虹先生也受邀担任该校教授。

在这个高水准的师资队伍中，李苦禅先生是徐悲鸿20年代在北京大学画法研究会担任导师时的学生。后来又师从齐白石先生学画，所作的写意花卉、飞鸟游鱼等笔墨苍润、生趣盎然。30年代他在上海办画展时，徐悲鸿还购藏了他的一幅国画《濠上之兴》，至今仍保存在徐悲鸿纪念馆中。

叶浅予先生擅长以舞蹈、戏剧人物为主的国画，笔墨顿挫自如，线条细腻优美，人物生动传神，风格爽朗独特。1944年他在重庆举行画展时，徐悲鸿当场便购买了他的两幅国画，更对他的画技赞誉有加，现聘请他担任国画系主任。

李桦先生涉猎木刻版画、水墨画、素描写生等各个领域。在三四十年代，他的创作主要服务于抗日救亡和争取民主运动，具有极强的时代特征和鲜明的个人风格。徐悲鸿聘请他担任版画系主任。

艾中信先生是徐悲鸿在抗日战争时期于中央大学教书时的优秀学生，才思敏锐，专于写实，是当时杰出的中年画家。随徐悲鸿到北平艺专任教后，他在北平画出了大批情真意切、格调文雅的油画写生作品，其中，《哈德门之血》和《雍和宫的喇嘛》更成为他的代表作。

李可染先生取中西绘画之长，融入水墨画创作之中，尤擅山水。他的画重笔墨神韵，笔法精微巧妙，变化万端；墨色层层晕染，沉厚苍润，别具一格。

董希文先生精于油画，并于40年代初赴西北敦煌，潜心研究并大量临摹敦煌壁画，绘画功力极深，在美术同人中有口皆碑。

除此之外，李斛、周令钊、李瑞年、戴泽、韦启美、梁玉龙等也都是才华横溢、勤勉创作之人。总之，徐悲鸿坚定地认为，办好北平艺专的首要条件就是严格把控师资力量，为此，他竭尽全力为学生们请来了当时全国最为优秀的一批美术从业者，希望将这第一步的基础建设极尽所能做到最好。

得益于徐悲鸿的真诚与包容，不同流派、不同风格的人才从四面八方聚集到北平艺专，于是，这里很快便成为北平当时一个极为重要的文化艺术交流中心。

1946年9月28日，徐悲鸿的次子徐庆平在北平出生。一时间，事业与家庭生活均迎来了新的希望与未来，这令徐悲鸿欢欣不已。

师资队伍建立起来后，徐悲鸿又开始琢磨对教学条件进行改善，并向当时担任北平行辕主任的李宗仁先生提出了扩大校舍的请求。徐悲鸿虽与李宗仁的私交甚笃，但若有要事相求，亦十分谦恭。于是，他自己先画了一幅奔马，又请好友张大千画了一幅墨荷，随后诚意满满地将两幅画作一同送给了李宗仁。后来，李宗仁也不负嘱托，拨了一所很宽阔的校舍给北平艺专，即今天的中央美术学院的院址。为了感谢李宗仁的帮助，徐悲鸿将北平艺专的礼堂命名为"德邻堂"，"德邻"即是李宗仁的字号。

　　一切安排妥当后，徐悲鸿便在北平艺专开始了严厉的教学革新。在思想观念上，他主张现实主义的艺术道路，认为艺术必须体察人民生活、反映社会现实。他在当时所作的《中国现代美术之回顾》一文中写道："中国艺术三百年来屈服于华亭及娄东四王一派之下，萎缩卑陋，奄奄一息，已无生气，中虽有寓扬州诸家（所谓扬州八怪）唱高逸之音，但其风被不远……仅知取芥子园画谱，取道方便法门，然后摹抚四王恽吴，便谓能事已毕，天地之大，造化之奇，人民生活，胥无所见，漠不关心！……是八股山水之害，中人深矣！"在具体教学中，他一如既往地重视扎实严谨的基本功力。基于自身的创作和教学实践，他规定学生在入校后的前两年必须进行严格的素描训练，如此方能初步掌握写生之能力，为后期发展打下坚实的基础。

　　虽为校长，徐悲鸿仍同时担任了油画系和国画系的一线教学工作，并且经常亲自到各系教室检查和督促。此外，他要求每半月举行一次美术教师聚会，给大家提供听取意见、交流心得之机会。

　　在北平艺专工作期间，徐悲鸿并未加入由国民党中央文化运动委员会领导的北平市美术协会，而是毅然加入了由一些进步美术家组织的北平美术工作者协会，并担任该会的名誉会长。

　　1947年5月，以北平、上海、开封为首的六十多个国民党统治区大中城市爆发了大规模的"反饥饿，反内战，反迫害"的爱国民主运动，其声势之浩大，为中国现代史上所罕见。进步的教师和学生们纷纷罢教罢课，并走上街头，举行了声势浩大的示威游行，这些进步运动强烈触及了国民党反动当局的痛处，他们开始对学生进行严厉的打压和迫害。

1946年，徐悲鸿（前排左三）与北平艺专和北平美术工作者协会同人摄于北平艺专

在这次全国性的学生运动中，共有九十三人被捕，二十余人被校方开除学籍，数名教授被解聘。而此时，担任北平艺专校长的徐悲鸿亦接到了来自国民党教育部的指示：必须解聘带领学生参加游行的冯法祀、高庄以及李宗津三位教授，并将所有参与运动的北平艺专学生开除学籍。对此，徐悲鸿不但未加理会，反而重新做了三份聘书发给冯法祀、高庄以及李宗津三位教授，并立即通知涉事学生尽快离开北平，避免被逮捕的危险。

为了保护参加游行的"头号积极分子"李翰祥，徐悲鸿替他改名为李汉强，并亲自写信给杭州美专，希望李翰祥可以转学到那里，继续学习绘画，否则，这个才华出众、刻苦努力的学生可能就因此而荒废了。但因此计划遭到了国民党的阻拦，后来，李翰祥被迫去了香港，不得已最终放弃了美术，从事演员和导演工作。徐悲鸿得知此事以后，曾十分惋惜地说道："这着实是美术界的一大损失啊。"可惜的是，徐悲鸿无缘亲见，十多年之后，李翰祥竟凭借他的美术基础以及绘画修养，在香港影坛创造出了他独一无二的古典美学电影风格，更成为中国一代电影大师。

由于徐悲鸿早前为防止误人子弟坚决解聘了一名曾于抗日战争时期担任国民党秘密人员的教授，而此时又大举改革并提倡进步言论，种种举动都早已引起了国民党政府的不满，于是，国民党中央文化运动委员会策动和指挥了一场"倒徐运动"（"新旧国画论战"），如同当年徐悲鸿的美术主张被反对者恶意抨击一样，一时之间，明枪暗箭，防不胜防。

1947年10月，由国民党中央文化运动委员会领导的北平市美术协会散发铅印宣言，肆意诬蔑攻击徐悲鸿是美术界的罪人。此后，北平市美术协会在中山公园的来今雨轩举行记者招待会，污蔑徐悲鸿的主张"是为个人的美术，为美术的美术和为古人而战"，并谴责北平美术工作者协会是"分裂北平美术界的罪魁祸首"。

面对反对者的攻击和诽谤，徐悲鸿于10月15日也召开了一场记者招待会，坚决回击了这场蓄谋已久的"倒徐运动"。为了迎击腐朽和保守势力，他在《新国画建立之步骤》书面谈话中写道："本校去年改为五年制，国画、西画、雕塑、图案在第一、二年共同修习素描，第三年分班，已呈准教育部在案……两年极严格之素描仅能达到观察描写造物之静态，而捕捉其动态，尚须以积久之功力，方可完成。此三年专科中，须学到十种动物，十种花卉，十种翎毛，十种树木以及界画，使一好学深思之士，具有中人以上禀赋，则出学校，定可自觅途径，知所努力，而应付方圆曲直万象之具已备，对任何人物、风景、动物及建筑，不感束手。"他还简略阐明了建立新中国画应提倡直接的师法造化，并革除某些架空内容的方法从而使绘画接近生活。

当时，所有国民党政府的报纸都未以全文登载这篇书面发言，而是断章取义、混淆视听。面对来势汹汹的谩骂和攻击，徐悲鸿没有丝毫妥协，全校师生和职工亦紧紧团结在他周围，由始至终，竟未出现过任何混乱，教学秩序也一直维持良好。

同时，廖静文在家中也时常收到恐吓和谩骂信。因担心徐悲鸿的身体和安全问题，她曾数次流下气愤和担忧的泪水。每当此时，徐悲鸿总会为妻子轻轻擦拭泪水，并温柔地安慰她。徐悲鸿坚定的话语和眼神给予了廖静文足够的力量，她不仅为自己的脆弱感到羞愧和内疚，而且更加尊敬徐悲鸿，对他的爱亦愈发深厚。自此，廖静文在心中暗暗发誓：自己一定要坚强起来，做悲鸿最强大的后盾。

　　实际上，在这条美术改革的大道上艰难地行走了数十年，徐悲鸿早就做好迎接各种风暴袭击的准备，如今，当这场暴风雨真正来临的时候，他反而更加地沉着与坚定。正是由于这份沉着与坚定以及师生群众的支持，喧嚣一时的"倒徐运动"很快就平息了，并以国民党的失败而告终。之后，在徐悲鸿的引领下，北平艺专的教学革新工作继续稳步推进。

20世纪40年代后期，徐悲鸿（后排左六）与国立艺专师生摄于北京东总布胡同国立北平艺专

此时，廖静文又怀孕了。上一年，由于廖静文怀上了徐庆平，需要一个静谧的住处以保养身体，于是，夫妻二人便从初到北平所居住的东裱褙胡同二十二号的东西厢房，搬进了位于小椿树胡同九号的一个普通四合院。院子不大，房屋陈旧，但十分安静。之后，他们在这里住了将近一年，直到一日院墙忽然倒塌，又只得另觅住处。

1947年秋天，为了让妻子和即将出生的孩子有一处更好的居所，徐悲鸿用卖画的钱买下了东受禄街十六号的房子。房屋虽不十分宽大，但院落较为开阔，环境也很清幽。西院种有一棵大槐树，树龄近百年，枝繁叶茂。东院种有一棵高达数丈的大椿树，状如巨伞，在炎炎夏日给院子带来浓荫与凉爽。院里的墙脚边和空隙处，有许多蜀葵花，深绛、雪白、淡紫、浅红，花色各异，五彩缤纷。徐悲鸿将这所房屋命名为"蜀葵花屋"，又名"静庐"。他还曾作诗赞颂这些蜀葵花："惊才绝艳出墙阿，绚烂纷披胜绮罗。倘使人间祇一本，千金买去不为多。"

在"静庐"中，徐悲鸿送给廖静文的第一份礼物便是他为妻子精心绘制的一幅肖像油画。在这幅画中，徐夫人身着紫色长衣，靠在一棕色沙发上，两手扶着一个红色布包，表情端庄文静而容光焕发。背景则由暗红色格子窗户、浅绿色玉兰盆景及吐艳的红梅组成。整个画面的色调偏暖，用色和谐并富有变化。人物面部表情刻画细致，两眼明亮且若有所思，廖静文蕙质兰心的特质及温婉的性格因此表露无遗，而徐悲鸿对妻子的深情与眷恋于这幅画中也得到了充分的体现。作为回礼，廖静文于1947年11月在"静庐"为徐悲鸿生下一女，取名徐芳芳。从此，徐庆平与徐芳芳这一双儿女为家庭增添了无尽的乐趣。

徐庆平周岁时，徐悲鸿曾在孩子的纪念册上写道："你在这不愉快的年头出世，但你给我和你母亲的愉快已一年了，但愿你常使我们愉快，不令我们烦恼。"的确那是个不愉快的年头。八年抗战结束，全面内战接踵而至，战火纷飞、民疲国乏、诸事忧扰。于是，每逢得暇之时，徐悲鸿都会走访一些故交好友，所有的烦心苦痛也会因此暂时被抛诸脑后。

徐夫人像　油画　1947年

1948年，徐悲鸿与廖静文及儿子庆平、女儿芳芳摄于北京

　　在故交好友中，徐悲鸿最惦念的，自是齐白石先生。他们于1929年分别后便再未相见过，其间只偶有书信来往。徐悲鸿在南洋筹赈画展时，曾写信给因年迈而不得不留守于当时已沦陷之北平的齐白石，关切地探问其近况。抗日战争胜利后，徐悲鸿在重庆又急忙致书齐白石。齐白石也很快回信，讲述了他安贫度日的生活，并深情写道："生我者父母，知我者君也。"当徐悲鸿就任北平艺专校长时，在第一时间便聘请了齐白石担任名誉教授。当徐悲鸿初到北平，亦立即去西城跨车胡同看望了齐白石。其后，他们时常到彼此家中走访，也时常聚在一起作画——徐悲鸿画鸡，齐白石便补块石头；齐白石画蜻蜓，徐悲鸿便补束花草。

　　除了齐白石，徐悲鸿还见到了十分敬重的老友张大千。在东受禄街徐悲鸿的家里，两位挚友总是聚谈融洽、心灵相契。一日，两人谈到兴起之时，张大千便当场绘制了两幅荷花，纵笔逞毫，顷刻成幅。荷叶用泼墨写成，白色的荷花则用线描，轻重虚实的对比恰到好处，笔墨十分精练。站在一旁纵情欣赏的徐悲鸿更是连连拍手称赞，一时之间，整个"静庐"都沉浸在了喜悦的氛围中。

另外，徐悲鸿在北平还结识了装裱师刘金涛，工笔花鸟画家于非闇、田世光等美术界的优秀人才。对待这些同人，他也一如既往地关怀备至。

1948年，人民解放战争的捷报频传，人民群众无不感到欢欣鼓舞。4月30日，徐悲鸿在天津《益世报》发表了《复兴中国艺术运动》，他在此文中充满信心地写道："吾本欲以建立中国之新艺术为题，只因吾国艺术原有光荣之历史，辉煌之遗产，乃改易今题。"关于何为复兴，他亦言："乃继承吾先人之遗绪，规模其良范，而建立现代之艺术。"关于如何复兴，他又言："第一以人为主体，尽量以人的活动为题材，而不分新旧；次则以写生之走兽花鸟为画材，以冀达到宋人水准。"

1948年深秋的一个下午，徐悲鸿和美术界的几位朋友又在家里的会客室里谈论时局，并为东北解放战争的胜利而激动不已。突然，一声震耳欲聋的巨响传来，整座房屋剧烈摇晃，窗户玻璃也发出碎裂声。他们慌忙从屋子里往外跑，只见远处的蓝色天际升腾起一巨大的黑色烟柱直冲霄汉，随后像蘑菇云一样散开，浓烟翻滚……后来，他们才知道这是国民党政府在南苑机场的军火库爆炸了。同时，它似乎也宣告了平津解放战争的开始。

这时，国民党的要员们纷纷逃离北平，北平城内陷于一片惊慌与混乱之中。南京国民党政府教育部急电北平各大专院校紧急南迁。毫不例外，北平艺专也接到了这样的电报，但却立即遭到了徐悲鸿的抵制。事先，徐悲鸿和北平艺专的一些主要负责人如吴作人、李桦、王临乙、冯法祀、艾中信等就已经商定好：无论如何，他们绝不离开北平，北平艺专也绝不南迁。

随后，徐悲鸿亲自主持了校务会议讨论迁校事宜。他以校长的身份提出绝不南迁的主张，并立即得到了大家的热烈支持，但同时也有极少数人持反对态度。最后表决时，赞成不迁校的人占绝大多数，于是，校务会议正式通过了不迁校的决议。

紧接着，国民党政府教育部汇来一笔费用，电文说明是作为北平艺专的南迁之用。在徐悲鸿的提议下，这笔费用除分发给全体教职工以外，剩余的均交由学生会购买了大量小米，为学校在困难时期提供饭食、迎接解放做了充分准备。

　　形势日趋紧张，物价一日数涨，粮价更是一路飙升，国民党政府的货币迅速贬值，北平的文化教育界也陷入了一片紧张和混乱之中。南苑机场被人民解放军封锁后，国民党政府在天坛和东单广场紧急抢建临时机场，并派专机来接一些知名人士赴南京。北京大学校长胡适、清华大学校长梅贻琦、北平师范大学校长袁敦礼、北平研究院院长李书华等文化教育界的知名人士及家属相继飞赴南京。徐悲鸿也被列在这批要接走的名人名单之中，但他不顾劝说、恐吓与利诱，坚决留守在北平。

　　北平城内，时不时能听见炮声。数量庞大的国民党军队虽已如瓮中之鳖，但若负隅顽抗，仍将给民众的生命财产造成巨大损失。何去何从，亟待抉择。

　　1949年1月中旬，统率这批军队的傅作义将军邀请了北平的一些学者名流征询意见，徐悲鸿便是其中之一。会场设在中南海内，气氛异常严肃紧张。傅作义将军作了简短的致辞，表示愿意虚心听取大家的意见，并将接下来的时间全部留给现场来宾。

　　墙上的挂钟滴答响着，空气如凝固了一般。此时，有人用疑虑的眼光探询着周围，有人埋下了头，也有人陷入了沉思。其实，每个人心里都极为清楚该如何选择，但又十分担心如果发言要求和平解放北平的话，会给自己带来很大的麻烦。突然，徐悲鸿站了起来，以坚定有力的声音说道："北平是一座闻名于世界的文化古城，它在世界建筑艺术的宝库中也属罕见。为了保护我国优秀的古代文化免遭破坏，也为了保护北平人民的生命和财产免受损伤，我希望傅作义将军顾全大局，顺从民意，以使北平免于炮火的摧毁……"

　　他的话语打破了沉默的气氛，也给予了其他人发表意见的勇气。紧接着，著名历史学家杨人教授、著名生物学家胡先先生、故宫博物院院长马衡先生等都纷纷发言，希望傅作义将军以普通百姓的安全和保护古都文化胜迹为重，尽量争取早日和平解放北平。傅作义将军耐心而认真地听取了大家的发言，并站起来感谢大家的直言不讳。会后，人们奔走相告，感到北平和平解放的希望越来越大，黎明也即将很快来临。

1948年，徐悲鸿（右一）与齐白石、吴作人、李桦摄于北京

在焦急等待北平和平解放的日子里，徐悲鸿得知，田汉已秘密进入了北平，并带来了很多解放区的消息，于是，徐悲鸿紧急安排和田汉见面的机会。在一处非常隐秘并有人员把守的地方，两位阔别多年的挚友终于再次相会，场面激动而欢畅。

徐悲鸿、廖静文、吴作人、冯法祀围着风尘仆仆的田汉，倾听他讲述解放区的情景。同时，田汉还带来了毛泽东和周恩来对徐悲鸿的嘱咐："他们希望悲鸿在任何情况下都不要离开北平，并尽可能在文化界多为党做些工作。"听到毛泽东和周恩来在指挥全国人民解放战争的戎马倥偬之际，还挂念着北平的文化界，徐悲鸿感激不已，更坚定了他留守北平的决心。

次日，徐悲鸿专程去看望了齐白石先生。之前因有人向齐白石散播谣言，说共产党入城后会杀掉一批权贵名士，而他便是其中之一，受到惊吓的齐白石信以为真，正准备携全家老小立即离开北平飞往香港。徐悲鸿用最真挚的诚意劝慰着齐白石，向他说明北平和平解放的可能性极大，并且共产党也很重视文化人士，谣言纯属子虚乌有。此外，徐悲鸿还向齐白石保证，倘若城内真出现了混乱，就立即接他去北平艺专住。齐白石一向对徐悲鸿抱以最大的信任，听完此言，便毅然取消了香港之行。

1949年1月31日，北平终于和平解放。全市举行了盛大的游行庆祝活动，徐悲鸿也兴奋地忙碌起来。他坎坷不平的一生，随着新中国的到来，又掀开了崭新的篇章，而他在贫苦的童年时代就已滋生的富强新中国之梦，也终于迎来了曙光。

　　在北京饭店一次盛大的宴会上，徐悲鸿与周恩来进行了亲切的交谈。周恩来就像老朋友那样，关切地询问徐悲鸿的健康状况以及目前文艺美术界的情况。同时，他也充分肯定了徐悲鸿在美术界的影响力，并勉励他继续做更多的工作。

　　随后，徐悲鸿还与来自解放区的美术工作者们见面、座谈，并被解放区丰富多彩的美术创作吸引。他看到了王式廓、华君武、古元、邵宇、莫朴、彦涵、刘迅、胡考、罗工柳、胡一川、尹瘦石、王流秋、石鲁、米谷、英韬、刘岘、林岗等人的作品，这些作品都真实地描绘了人民生活的画面，充满了强烈的战斗气息。另外，他还见到了美术理论家江丰、蔡若虹、王朝闻等，感到十分高兴。

　　1949年的春天，轻松而愉快，徐悲鸿的朋友们从四面八方来到北平，他们下榻在离"静庐"不远的北京饭店。徐悲鸿和廖静文时常去看望他们，他们也常来徐悲鸿家中做客，僻静的庭院里开始充满了欢声笑语。

　　郭沫若、沈雁冰、李济深、沈钧儒、柳亚子、郑振铎、翦伯赞、田汉、洪深、茅盾等人，常在一起聚晤，更时常相约去看徐悲鸿作画。一次，在众人的喝彩声中，徐悲鸿即兴画了一幅很大的奔马，画面上的马高扬起头，向前飞奔。徐悲鸿在画上题词"百载沉疴终自起，首之瞻处即光明"，寓意着鸦片战争以来中国人民被帝国主义欺凌压迫的日子将一去不复返了，国家正迈向光明的前途。后来，他将这幅画作献给了毛泽东。还有一次，徐悲鸿画了一幅四蹄腾空、迅疾奔跑的骏马，并在一旁题写了"山河百战归民主，铲尽崎岖大道平"的诗句，这是画家对新中国的正确理解，也是他毕生追求的理想。他借马抒怀，托物传情，而这匹英姿飒爽、精神抖擞的骏马，亦博得许多朋友的赞赏。

　　这些文艺界的好友相聚在北平，无话不谈，天南地北畅所欲言。当然，大家谈得最多的还是时局的发展，虽然当时南京、上海等许多城市都尚未解放，但大家都对中国的全面解放满怀信心，并憧憬着各自的未来。

　　1949年3月，徐悲鸿被邀请作为新中国代表赴巴黎出席"保卫世界和平大会"，由于当时新中国尚未正式成立且未与法国建立外交关系，于是，大会在考虑到实际情况后，决定在巴黎和布拉格两地同时召开会议。中国代表团团长是郭沫若，团员有曹禺、艾青、丁玲、田汉、洪深、马寅初、郑振铎、程砚秋、古元、曹靖华、翦伯赞、邓初民、戴爱莲等。

　　考虑到此次出行的代表均为中国文艺界的佼佼者，而且多数人年事已高，周恩来在代表团出行之前，亲自前来监督他们出行的准备工作，并再三确认行程是否准确、随行的医护人员以及所携带之衣物是否足够。为了防御西伯利亚的严寒，周恩来还特意让有关部门给每人做了一件轻柔暖和的貂皮大衣，这也是徐悲鸿平生第一次穿皮大衣。

　　保卫世界和平大会在捷克斯洛伐克首都布拉格隆重开幕，由捷克斯洛伐克作家协会会长担任大会主席。布拉格市长及宣传部长作了大会致辞，讲述

1949年，徐悲鸿（后排右四）受周总理委派出席保卫世界和平大会。这是中国代表团在布拉格的合影

了第二次世界大战中捷克斯洛伐克所遭受的蹂躏与凌辱，以及新中国成立后人民积极重建国家、期望世界和平的现状，并且强烈谴责了帝国主义制造战争的残忍劣迹。在儿童代表和矿工代表发言后，匈牙利、蒙古、美国、意大利以及非洲国家代表也都相继发言。徐悲鸿始终认真聆听着大家的发言。

4月23日，代表团忽然收到了中国人民解放军占领国民党政权首都南京的消息。听闻此喜讯后，全体与会的中国代表立即起身鼓掌欢呼，齐声高唱《国际歌》，歌声感染力极强，使得整个现场都沉浸在一片欢乐之中。当郭沫若代表中国向大会致谢，特别提到"中国人民解放军的胜利是对世界和平的重大保障"时，会场又掌声雷动，反响热烈。紧接着，西班牙、罗马尼亚等国的代表陆续发言，都表达了反对战争、呼吁和平的共同夙愿。最后，大会在一片祥和的气氛中落下了帷幕。

大会结束后，徐悲鸿游历了布拉格。这座美丽的城市街道整洁，繁花似锦，许多优雅别致的古代建筑虽历经岁月沧桑却留存至今，散发着历史的光芒。在捷克斯洛伐克国家博物院和国家画廊，他欣赏了鲁本斯（Rubens）、伦勃朗（Rembrandt）等艺术大师的杰作。在捷克斯洛伐克美术学校，他欣喜地发现那里的高年级学生都开始尝试创作反映现实生活的大幅作品了。在访问东方学院和工艺美术学校时，他更被那些花样繁多的染织作品、精美的镂刻玻璃器皿深深吸引，连声称赞学生们的创意思维与实践精神。这个东欧国家战后浓郁的艺术氛围，深深感染着徐悲鸿，让他大为惊叹。

回国途中，中国代表团在莫斯科停留了一个星期。徐悲鸿在参观莫斯科的美术馆时发现，曾经那些带有明显形式主义倾向的新派美术都已销声匿迹，取而代之的是反映苏联人民生活和斗争的革命现实主义作品，这让他感到由衷的高兴。在莫斯科，他还访问了一些著名的苏联美术家和多年前在俄国办展时相识的朋友，并欣喜地发现，他们的作品较之当年都更为成熟、更加丰富了。之后，其中的几位苏联友人和专家于50年代初还专程赴北平看望了徐悲鸿及其家人。虽然语言不通、文化不同，但艺术自然而然地拉近了这群美术大家之间的距离，亦让彼此之间建立起了跨越国籍的情谊。

5月10日，中国代表团乘火车从莫斯科启程回国。在漫长的旅程中，伴着

1950 年，徐悲鸿一家与苏联友人摄于东受禄街十六号（左起依次为苏联专家、徐芳芳、徐悲鸿、廖静文、徐庆平、苏联专家）

铁轨的哐当声与车厢的摇晃，徐悲鸿一路上为田汉、丁玲、郑振铎、翦伯赞、邓初民等许多人画了素描肖像。

5月25日，中国代表团回到北京。当晚，周恩来在北京饭店举行了招待晚宴，欢迎代表团归国。大家互相交流着这次大会的见闻，谈笑风生，畅所欲言，整个晚宴洋溢着豪迈而喜悦的气氛。第二天，徐悲鸿便立即回到北平艺专，向大家畅谈此行的收获和见闻。随后，他还亲自到每一间教室，将他特意从国外带回的许多精美小画册，根据每个学生不同的风格和画法，分别赠送给各个学生。

待需要处理的诸多事宜落实后，徐悲鸿又立即投入了紧张的创作中。能亲身参与保卫世界和平大会，见证如此重要的历史时刻，徐悲鸿深感荣耀。同时，此行所有的场面均给他留下了深刻的记忆，历历在目。据此，他迫不及待并满怀激情地创作了一幅立轴彩墨画《在世界和平大会上》。画面长三百六十厘米、宽七十厘米，描绘了南京解放的消息传到大会上时那激动人心的宏大场面，许多真实的人物都一一展现其中。

然而，由于用脑过度、身体极度疲乏，在完成这幅画的创作后不久，徐悲鸿再一次病倒了。经检查发现，他的血压高达二百以上，并伴有半身瘫痪的先兆。在医生的劝说下，他暂时放下手上的创作工作。但没休息几天，他又不顾劝阻投入繁忙的教学工作中了。

与此同时，他还参与了为即将成立的中华人民共和国制定国旗、国徽、国歌的工作。由于国旗、国徽的投稿者数以万计，因此挑选工作亦变得十分繁重，但徐悲鸿同其他参与工作的人员不但未感到丝毫疲累，反而是满满的骄傲与自豪。

在国歌的讨论会上，徐悲鸿大胆献策，提出用由田汉作词、聂耳作曲的《义勇军进行曲》作为国歌的建议，大家纷纷表示赞成，《义勇军进行曲》最终亦成为我们今天耳熟能详的国歌。

不久，全国第一届文艺工作者代表大会在北平举行，徐悲鸿当选为全国美术家协会主席。

徐悲鸿（前排左一）和其他文艺界代表参加第一届全国政治协商会议

1949年10月1日，中华人民共和国正式成立。徐悲鸿与党和国家的许多领导人一起站在天安门城楼上，凝神谛听着毛主席向全世界庄严宣告："中国人民从此站起来了！"在升旗仪式中，此前被《中国人民政治协商会议共同纲领》确定为中华人民共和国国旗的五星红旗，伴随着《义勇军进行曲》的奏响，第一次在天安门广场冉冉升起。五十四门礼炮齐鸣二十八响，广场上响起雷鸣般的欢呼声，共庆新中国的诞生！此时，徐悲鸿的心中汹涌澎湃，喜不自禁，泪流满面。

　　这一时期，徐悲鸿开始构思创作油画《毛主席在人民中》。其间，他数易其稿，力求将毛泽东这位领导人的精神面貌与英雄气质表现得淋漓尽致，更希望他能像太阳一样引领着人民和新中国走向光明的方向。同时，徐悲鸿也想借此作品表达自己对毛泽东的敬仰与感激之情。

20 世纪 50 年代初，徐悲鸿创作油画《毛主席在人民中》

毛泽东像　素描　1950年

20世纪50年代初，徐悲鸿摄于东受禄街十六号家中

20世纪50年代初，徐悲鸿与夫人廖静文在北海公园合影

20世纪50年代初，徐悲鸿在北京为战斗英雄画像

1950年2月，中央美术学院正式成立，徐悲鸿被周恩来亲自任命为第一任院长。而对于徐悲鸿来说，他多年以来希望办一所高质量的美术学院的夙愿也在中央美院得到了实现。此后，他一面忙于学校管理事宜及教学工作，一面忙于各项社会活动，每日的行程也被安排得十分紧张。

尽管徐悲鸿身兼数职，社会地位日隆，但他不改初心，无论是对在校的学生、校外的青年，还是对民间艺术家，他都给予了无微不至的关怀、指导与提携。当时，在中央美术学院授课的还有徐悲鸿的学生戴泽、韦启美、侯逸民、李天祥、靳尚谊、詹建俊等人，后来也都成为颇具影响力的艺术教育家或著名画家。

忙碌之中，徐悲鸿也尽可能地挤出时间陪伴妻子廖静文与儿女。除了在"静庐"中享受四人在一起的美好时光，徐悲鸿还特意带廖静文去了北海公园，这是妻子一直心心念念的地方。但因这几年接连不断的风波和变故，这个简单的、小小的愿望竟一直被搁置到现在，如今，终于如愿以偿。徜徉于北海公园的这一天，两人均感受到了难得的快乐。

9月底，全国英模大会在北京召开。徐悲鸿亲自带领中央艺术学院的教师们，去为战斗英雄、解放军战士以及劳动模范画像。他先后创作了子弟兵的母亲戎冠秀及战斗英雄邰喜德等人物的素描和油画肖像多幅。油画《战斗英雄邰喜德》饱满厚重，在疏朗淡定的面容中细腻地刻画出英雄刚毅的性

20世纪50年代初，徐悲鸿在北京为解放军战士画像

格；人物的服装、马匹、背景则用笔简洁。整幅画作虚实结合，画风轻松明快。

1951年，因感动于鲁迅与瞿秋白之间肝胆相照的情义，徐悲鸿开始构思新油画《鲁迅和瞿秋白会见》的创作。他一边构思，一边去拜访了瞿秋白烈

鲁迅与瞿秋白　素描　1951年

士的夫人杨之华和鲁迅先生的夫人许广平，并访问了鲁迅的弟弟周建人。在深入了解且详细记录了鲁迅和瞿秋白的生活习惯、衣着、谈吐等细节后，徐悲鸿才动笔创作，先后画出了多幅草图。

　　与此同时，报纸上的一条消息引起了徐悲鸿的注意。消息称，为了根治鲁南和苏北水患，使一千五百万亩良田免遭洪灾侵袭，国家计划在苏北开凿长达两百公里的新沂河。这样，山东境内的沭河则需改道，汇进山东南部的沙河入海。这项任务艰巨、规模宏伟的水利工程，乃是新中国改造大自然的第一个创举。于是，徐悲鸿当即决定去导沭整沂工地现场体验生活，并创作一幅反映新中国建设面貌的大型油画。因而，《鲁迅和瞿秋白会见》虽已在画布上勾画出草稿，也只能暂时搁笔了。

随后，在中央美术学院教师梁玉龙和保卫干部孙洪绪的陪同下，徐悲鸿到达现场实地生活和观察。数以十万计的民工参加了这项建设，在各个施工阶段还涌现出了众多劳动模范。他们的敬业精神不断激发着徐悲鸿的创作热情，他在工地上停留数日，画了多幅素描肖像和人物速写。返回北京后，徐悲鸿积极构思这幅描绘导沭整沂水利工程的画作，打算将它画成规模宏大的巨幅油画。然而，操劳之时，意外的事情又发生了：徐悲鸿突发脑溢血！

在医院治疗了四月有余，待病情刚有好转，徐悲鸿就坚决要求出院。最终，在廖静文的陪同下，徐悲鸿带着医生开的口服药和注射剂，回到了东受禄街的家里。在家中，徐悲鸿仍须卧床养病，廖静文便如以前一样，每日给他读报纸、杂志，还有小说。其中，不乏两人同样喜爱的文学作品，比如罗曼·罗兰的《约翰·克利斯朵夫》以及托尔斯泰的《战争与和平》等。读书之人深情款款，听书之人亦陶醉其中。同时，陪伴两人读书、生活的还有那双可爱的儿女，以及两人共同喂养的八只花色各异的狮子猫。而日子也在廖静文细心的照顾、温柔的读书声中缓缓流逝。

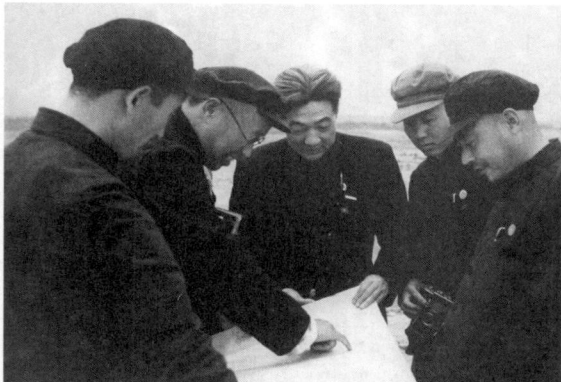

1951 年，徐悲鸿（中）抱病到山东水利工地体验生活，这是他与工程师在查看图纸

1951 年，徐悲鸿（戴白礼帽者）在山东工地为劳动模范画像

1952年初春的一天，病床上的徐悲鸿突然对廖静文说道："为什么我不迟生十年呢？"语气中充满了遗憾。廖静文走到其床头，温柔地抚了抚他的额头，轻声对他说着鼓励安慰的话语，心中却十分理解徐悲鸿此时的苦痛：这位奋斗了大半生的艺术家，该是多么希望自己还有充沛的精力来为新中国作贡献啊！

尽管如此，徐悲鸿并未悲观绝望，虽不能起身工作，但他却计划编制一套《爱国主义教育挂图》，将中国历代文物汇集成册，收录历代的玉器、青铜器、瓷器、名画、建筑等，张挂在大中小学校及公共场所，以便科普知识文化、弘扬爱国思想。那时，他在病床上草拟的《爱国主义教育挂图》的序言中写道："此一切皆先民劳动天才之创造，此一切皆以美术眼光判断选刊。"

1953年带着希望来临，徐悲鸿的身体状况也有了一些好转。由于始终牵挂着中央美术学院的学生们，徐悲鸿抱病去学院一一检视了学生们的绘画习作。当他看到那些耗时极长且画得光滑细腻的素描时，顿觉呆板烦琐，毫无新鲜感。于是，他立刻召集全体素描教师开会，要求改变这种素描教学方式，提醒他们不可将学生引入画这种"平板光滑的馆阁体"的歧途。最后，他还严厉地指出："不仅形式主义美术是泥坑，这也是泥坑，陷进去就拔不出来了。"

这年初夏，为表达对抗美援朝志愿军的敬仰与支持，徐悲鸿又画了一幅《奔马》，并亲笔写了一封热情洋溢的信称赞军人们的牺牲精神。徐悲鸿在画作中以马喻人、托物抒怀，借此来表达自己的爱国热情。而这个时期，徐悲鸿笔下的马已经达到了炉火纯青的至高境界，可谓"一洗万古凡马空"，独有一种精神抖擞、豪气勃发的意态。

不久之后，徐悲鸿又回到了中央美术学院为学生们授课，深受学生们的拥戴。转眼时至暑假，送走了各系毕业班的学生们，徐悲鸿又开始为中央美术学院和浙江美术学院组织的教师进修班讲课。进修班分素描进修小组和油画进修小组，参加进修的教师有艾中信、王式廓、关良、倪贻德、董希文、冯法祀、李宗津、戴泽、刘继卣等数十位同志，都是已经在我国美术界享有

徐悲鸿（前排右二）最后一次主持教学活动

名望、成绩卓然的画师。他们不辞劳苦、虚心求教的精神，令徐悲鸿十分感动。

为了将进修班办出成效，徐悲鸿把自己创作的油画人体拿来供大家参考。而这些油画作品，亦正是最好的教学示范——造型精准、色彩丰富、富于韵律。徐悲鸿的作品将西方印象派的色彩运用和古典主义的素描功底相结合，严谨而不拘谨，层次分明、取舍得宜，以求达到尽微致广的境界。

他对色彩的分析和对形态的分析是统一的，每一笔每一画均兼顾形与色，笔触细致而不浮于表面。一般画家往往不愿如此深入分析，或因分析太多而疏于统一，而他却能应付自如，让讲学既有科学的分析，又有总结与提炼。在他看来，调好的色彩，力求准确无误地上至画面，不容差池，更决不在画面上将颜色来回涂抹。

此外，他还将中国画的渲染法和西洋画的明暗法相结合，因此，他的素描和油画作品也颇具中国绘画传统的精气神，韵味别致，内涵精微，颇受人们的赞赏。

暑假结束后，新学期开启。这一年，中央美术学院招收的新生很多，且美院附中也开始招生了。徐悲鸿深切地关怀着这更年轻的一代，并亲自参加了美院附中的开学典礼，勉励学生们树雄心、立壮志，为新中国的美术事业添砖加瓦、作出贡献。

9月，一家画店给忙碌中的徐悲鸿送来了十二幅任伯年的花鸟画请他鉴赏。徐悲鸿一眼便看中其中一幅《紫藤翠鸟》，并连连称其为"神品"，立刻将其买下。画面中那轻盈飘动的紫藤花，闪闪发光的嫩叶以及那只动态自然的翠鸟，传神至极、栩栩如生。画面似乎散发出花朵的芳香，仿佛传来了鸟儿的鸣叫，明媚春光亦尽收眼底。整幅画作笔墨精练，色彩和谐，有意到笔随之趣。除了这幅作品，徐悲鸿又从中挑选出了较好的七幅全部买下。剩下的四幅，后来画店卖给了故宫博物院。

与此同时，徐悲鸿还有幸购得一册董思白（董其昌）、陈眉公（陈继儒）的自题画像册页，作者是孙山人。画册中包含了三幅肖像，均是半身像。虽然人物头部只有半截拇指般大小，却十分逼真。尤其是董、陈二人的肖像，使人有亲见其真人之感，堪称神妙。

对于徐悲鸿来说，无论何时，购藏与欣赏这些前人的精湛绘画，都是他精神上最好的享受，也是他繁忙生活中的休憩与慰藉，而他从中得到的巨大欢乐更是难以言表的。

不久之后，全国文艺工作者第二次代表大会即将召开。会议之前，徐悲鸿前往中南海谒见周恩来总理。徐悲鸿热情地向周总理谈起了美术界的发展情况，谈起了国画的传承与创新，也谈到了素描是一切造型艺术的基础。周总理当即表示赞许，并微笑着说："一切艺术都应当随着时代发展，停滞了就没有生命了。国画吸收西方绘画的某些优点，便会更加丰富。"他暂停了一下，接着说道，"国画以后也不一定叫国画，对其他画种来说，有唯我独尊的意思。"徐悲鸿说："我们中央美术学院叫它彩墨画。"周总理会意地点了点头，两人相视一笑。

在谈及画家品德和美术教育问题时，徐悲鸿认为从事美术教育的人，在德行修为与民族气节上也应能为人师表。因此，美术院校领导班子任命人选，应当考虑德才兼备之人。周总理完全同意徐悲鸿的意见，频频点头，并紧紧握住了徐悲鸿的手。

从周总理那里回来，徐悲鸿便开始为全国文艺工作者第二次代表大会紧锣密鼓地做起了准备工作。他带病前往招待所，看望来京的各地画家。在那里，他见到了潘天寿、关山月、黎雄才、阳太阳、黎冰鸿、陈之佛等著名画家。在与大家面对面的交谈中，徐悲鸿亦感受到了久违的轻松与愉悦。

1953年9月23日，全国文艺工作者第二次代表大会在北京正式开幕。其间，徐悲鸿从早至晚参加会议。会后，他又马不停蹄地奔赴国际俱乐部参加波兰代表团欢迎晚会。在宴会中，他甚感不适，突发脑溢血，并导致他的左半边肢体完全瘫痪。

在医院历经了两天三夜的抢救之后，1953年9月26日凌晨2时52分，徐悲鸿的心脏停止了跳动。此时，他年仅五十九岁。

徐悲鸿的逝世，对于新中国的美术事业乃至世界画坛都是巨大的损失。应中央美术学院师生们的要求，徐悲鸿的遗体被送至中央美术学院礼堂停放。全院师生、职工日夜轮流守灵，灵堂中回荡着悲戚的痛哭之声。无数领导同志和来自全国各地的文艺工作者代表相继来到灵前悼念，并和中央美术学院的师生职工们一起，护送徐悲鸿的遗体至八宝山革命公墓安葬。

1953年12月，中国美术家协会、中央美术学院联合举行了徐悲鸿纪念会和徐悲鸿遗作展览。其间，展出油画、国画、素描、粉画共二百二十六件，前来观展的人无不为之悲痛惋惜。

1953年12月徐悲鸿遗作展览

　　在徐悲鸿纪念会上，周扬①代表党和人民政府讲话指出："徐悲鸿先生是中国人民的杰出的画家，卓越的艺术教育家。他的逝世，是我国文艺界的重大损失。他继承了中国民族绘画的现实主义传统，并吸取了西洋古典绘画中的现实主义创作方法和技巧，在他的艺术创造中，表现了高度的技巧和浓厚的民族特色的结合；他在艺术主张上始终是信奉现实主义而反对形式主义的。他的作品表现了热爱祖国、同情人民的倾向，他在解放以前即参加了中国人民争取民主的运动。他在艺术教育事业上有极大的贡献，他以现实主义的正确方法和对艺术天才的无比热爱与关心，培养了中国年轻一代的美术家。他在艺术创造勤练笃学的精神，足为大家模范。因此我们应当纪念他，

---

　　① 周扬（1908—1989），中国文艺理论家。原名周运宜，字起应。1927年参加口国共产党，1931年回上海参加领导革命文艺运动。中华人民共和国成立后，一直从事文化宣传方面的领导工作，曾任中共中央宣传部副部长、文化部副部长、中国社会科学院副院长兼研究生院院长、中国文联副主席、中国作协副主席等。著有《关于国防文学》《文学与生活漫谈》等。

学习他，并将他的遗作当作重要艺术遗产加以研究。"随后，田汉、吴作人、学生代表尹戎生等亦相继作了发言，深情回顾了徐悲鸿的生前往事与艺术成就。

周恩来总理亲临展览现场，在肃穆沉寂的氛围中，他指着于遗像两侧由徐悲鸿生前亲笔书写的鲁迅诗对联"横眉冷对千夫指，俯首甘为孺子牛"，坚定地说道："徐悲鸿就是这种精神的代表。"

根据徐悲鸿的遗愿，他的夫人廖静文女士将他的作品一千二百多件，他一生节资收藏的唐、宋、元、明、清及近代名家的作品一千一百多件，图书、图片、碑帖等共计万余件，全部贡献给国家。数量之巨大，品质之精良，震惊无数民众，而他慷慨无私的奉献精神，亦感动了正冉冉升起的新中国。

1954年9月26日，纪念徐悲鸿逝世一周年之际，以徐悲鸿故居为基础的徐悲鸿纪念馆建成了。周恩来总理亲自题写了"悲鸿故居"的匾额，那雄劲浑厚的笔墨浸润着世人对徐悲鸿的敬仰尊重和深深怀念。徐悲鸿纪念馆收藏了徐悲鸿各个时期的素描、油画、国画代表作品，以及历年来有关他美术教育事业及社会活动的文献资料。

1953年，周恩来总理（右一）参观徐悲鸿遗作展

周恩来总理于20世纪50年代亲笔题写"悲鸿故居"

徐悲鸿最后生活的起居室

北京东受禄街十六号，徐悲鸿故居庭院

　　岁月变迁，徐悲鸿的起居室与他最喜爱的画室，均一直按他生前的原貌陈列着。而他生前在"静庐"的庭院里亲手种下的树木，也历经年复一年的春去秋来，茁壮成长、枝繁叶茂。

　　徐悲鸿的一生，正如他的名字所寓——似一只振翅高飞的鸿雁，奋斗不息而悲悯苍生。他那"独持偏见，一意孤行"的品格，不仅表现在言行上，更融入他的书画作品中；他那不停不懈的艺术人生，闪耀光华，载入史册；他那无私奉献的崇高精神，使得他像一位战士，以笔为矛、不畏艰险，永远地战斗在第一线，亦永远地留存于人们心中。

后

记

我们心中的徐悲鸿
——写在《徐悲鸿画传》之后

　　徐悲鸿对于我们80年代出生的人来说，常常是一个既敬仰又模糊的名字。第一次听到他的大名是在很小的时候，虽然知道他是中国最有名的大画家、大美术教育家，中央美术学院的创始院长，但他名字中的"悲鸿"却使我很困扰，后来才知道，徐悲鸿的"悲鸿"不是痛苦与凄凉，而是"悲悯之鸿"，是一只为生命而艺术并在中国近现代画坛上划破长空的鸿雁。

　　正是在这种人生意志的感召之下，让我这个不是美术圈里的人走上了寻找大师的艺术人生之路。

　　2014年3月，北京西山脚下，我与成都媒体朋友一同来到廖静文先生的家，进门便看见一块沉甸甸高悬的堂匾，上书：怀鸿室。正如廖静文先生常对人们说起的那样，她一生都牵挂着那个家喻户晓的人：徐悲鸿。在两个小时的采访中，廖静文先生给我们讲述了她与徐悲鸿先生在成都的点点滴滴，讲到了"成都是她与悲鸿都最难忘的城市"，讲到了恋爱期间他们游玩的新都桂湖公园，讲到了徐悲鸿先生在青城山天师洞教她临摹王羲之的帖……这一切都印在廖先生的脑海，她无数次地回顾，无数次地讲述，这不仅是一段流芳艺坛的传奇，更是她个人生命中不了的情缘，也让我们认识了在妻子心中的徐悲鸿。

全国政协委员、中国人民大学徐悲鸿艺术研究院院长、徐悲鸿之子徐庆平教授曾告诉我："作为父亲，在钱财上面，徐悲鸿没有给家庭留下一分钱。我虽然小，但是我很清楚，他还没领工资，工资已经早就被支出去了，他预支了去买画了。所以，他可以说生活费用，节衣缩食，买了1200多件从唐、宋、元、明、清到后来的张大千、齐白石的作品。这是他生活中的最大乐趣，美的享受。在他的作品当中往往盖有一方章叫做'暂属悲鸿'，他早就为中国的美术馆做了非常详细的规划，多少个部分，都有哪些作品，他希望中国有自己的美术馆、美术博物馆，还有美术院。但是在旧中国的时候，这个根本就无从谈起，所以他就想用自己的作品、自己收藏的作品，为中国特别是为他所教的学生们起到一个审美的作用，美育的作用。"

徐悲鸿纪念馆典藏部主任徐冀先生曾说："爷爷的画笔就是他的枪，修复爷爷的油画，既是我的工作，也是我走近从未谋面的爷爷的机会。他一生爱国、忧民，抗战时期更是用画笔救国，尽了一个画家的全部心力。"

2014年3月，习近平总书记在联合国教科文组织总部演讲时曾说："中国传统画法同西方油画融合创新，形成了独具魅力的中国写意油画，徐悲鸿等大师的作品受到广泛赞赏。"2015年6月，在北京人民大会堂纪念徐悲鸿先生诞辰120周年大会上，国务院副总理刘延东高度评价"徐悲鸿先生是20世纪中国美术的先驱，是功垂后世、影响深远的艺术巨匠和一代宗师"，同时，在纪念大会上，中央美术学院院长范迪安先生提出要弘扬"徐悲鸿精神"，"徐悲鸿"是一种精神，一种"改革创新"的精神，一种"天下兴亡，匹夫有责"的使命、一种"救彼苍生起"的情怀、一种"尊重人才、教书育人"的导师风范，"徐悲鸿"是我们这个时代精神文明的同义语、先进文化的表征，是在实践中不断丰富和发展的时代典范。

因此，希望《徐悲鸿画传》能让大家走近真实的徐悲鸿先生，让"徐悲鸿"更加清晰，把"徐悲鸿精神"原原本本地传给大家，把大师朴实、诚恳、宽厚的性格传给大家，把大师不献媚、不矫饰的艺术态度传给大家，把大师严谨、理性、科学的教育理念传给大家，把大师直面社会、直面人生的社会担当传给大家，更让后辈记住这样一只"独持偏见、一意孤行"的"中国鸿"。

　　资深出版人、四川人民出版社编审王定宇女士独具慧眼，提出出版《徐悲鸿画传》，才有了本书的面世。在此特别感谢为画传付出艰辛努力的肖瑶女士，除整理了全书的文字，还为本书能够全面、真实展示徐悲鸿先生的艺术人生而两度赴法搜集徐悲鸿先生留法的文献和资料。感谢欧亚玲女士在画传前期的素材整理、结构梳理上所付出的巨大努力，还有参与本书策划工作的王小飞、何秀兰、李其飞、陈裕旭、林玉华、吴蝶珊、钟火全等，在此一并衷心地感谢！

陈　竹

2017年　深秋

时代悲鸿（成都）文化传播中心

图书在版编目（CIP）数据

徐悲鸿画传 / 徐冀著. —成都：四川人民出版社，
2017.11

ISBN 978-7-220-10495-4

Ⅰ.①徐…　Ⅱ.①徐…　Ⅲ.①徐悲鸿（1895-1953）

—传记—画册　Ⅳ.①K825.72-64

中国版本图书馆CIP数据核字（2017）第265937号

XU BEIHONG HUAZHUAN

徐悲鸿画传

徐　冀　著

策　　划	王定宇　陈　竹
责任编辑	何秀兰　何佳佳
封面设计	张　科
版式设计	戴雨虹
责任校对	袁晓红
责任印制	王　俊
出版发行	四川人民出版社（成都槐树街2号）
网　　址	http://www.scpph.com
E-mail	scrmcbs@sina.com
新浪微博	@四川人民出版社
微信公众号	四川人民出版社
发行部业务电话	（028）86259624　86259453
防盗版举报电话	（028）86259624
照　　排	四川胜翔数码印务设计有限公司
印　　刷	四川新财印务有限公司
成品尺寸	170mm×240mm
印　　张	18.25
字　　数	270千
版　　次	2018年1月第1版
印　　次	2018年1月第1次印刷
书　　号	ISBN 978-7-220-10495-4
定　　价	68.00元